管理会社が教える！

本当にすごい7人の大家さん

「元祖カリスマ」「サラリーマン」「地主」「税理士」
大家さんと語る不動産経営

株式会社アートアベニュー 監修　　片平 智也 著

JN058147

住宅新報出版

沢　孝史氏が語る長期で負

けない不動産経営の極意

サラリーマンの傍ら自らも不動産経営に携わる一方、
セミナー主宰や文筆業など多岐にわたって活躍中の沢さん。
成功の秘訣は何か、その極意を教えてくれました。

不動産経営金言集

＊金言1＊

不動産経営の成否は、
実は買う時点の判断でほぼ決まる

＊金言2＊

人に任せるところは任せ、
自分の得意分野を生かして人生を豊かにする

＊金言3＊

付加価値を高めやすい新築、利回り重視の中古、
おすすめの賃貸経営手法は立場や方針によって異なる

＊金言4＊

不動産の魅力は、労力をとられず
中長期で安全に資産を増やせること

＊金言5＊

市場価格には春夏秋冬のサイクルがある。
中長期が前提だが時には売却して利益確定も

さわ・たかし

不動産投資歴22年。元祖・サラリーマン大家さんとして、現役サラリーマンでありながらお宝不動産セミナー主宰者としても多岐にわたり活躍中。コンビニ経営に失敗し、製造業のサラリーマンとなり副業として不動産投資を開始して以来、少額の資金から始めた投資が現在12棟167戸にまで拡大し、年間の満室家賃収入は1.7億円に及ぶ。静岡市を中心に東京圏にも複数の収益不動産を保有している。主宰する「お宝不動産セミナー」からは、カリスマ不動産投資家を多数輩出。『お宝不動産で金持ちになる』『不動産投資 成功へのイメージトレーニング』（筑摩書房）など著書多数。

金言1：不動産経営の成否は、実は買う時点の判断でほぼ決まる

　私が最初に購入した物件は、静岡市近郊の軽量鉄骨造、ファミリータイプ4戸の築浅アパートでした。購入前には、短期だけでなく中長期の収益、運営に行き詰まり手放すことになった場合の損失など、考えられるケースをあれこれシミュレーションしました。そうした分析の結果、どんなパターンでも失敗しようがないことがわかったので、購入を決意するにいたったわけです。

　そして、この物件に限らず、短期の儲けよりも、時間をかけて資産を築くことを目的に、長期にわたる運営期間で「負けない」「失敗しない」物件を選ぶようにしています。なぜなら、<u>不動産経営が成功するか否かは、物件購入や建築という「投資の入口」時点でほぼ100％決まると言っても過言ではないからです</u>。物件を紹介する不動産会社などがあれこれセールストークを並べたとしても、判断するのは自分。自分なりの判断基準をきちんと持ち、数字を見て、自分で決めるしかありません。

　<u>まずは情報収集が重要です</u>。最近はインターネットでも簡単に情報が手に入るようになりました。ただし、現地に足を運び、物件を見るだけではなく、実際に地元の不動産屋さんを訪ねて周辺相場や入居者ニーズをヒアリングするなど、<u>ネットの統計的な情報に加えて、自分の足で稼いだ生の情報も大切になってきます</u>。しかし、情報収集だけなら誰でもできるでしょう。<u>大切なのは集めた情報を数字に置き換えて分析し、事業計画を立て、投資に見合うのかどうかを自分なりに考えて判断するということです</u>。当時の私は自分で計算式をつくりましたが、最近は収支計算の無料のソフトなどもたくさんありますので、利用してもよいのではないでしょうか。

　ただし、入力した数字の結果だけを見るのではなく、それがどういう根拠から出たものなのか、「計算の中身」がわからないといけません。キャッシュフローが良い、規模が大きいなどに目が行きがちですが、それだけで一喜一憂するのはナンセンスです。キャッシュフローは資金繰りであり、利益ではありません。例えば、目先のキャッシュフローが良くても、借入金返済のうち元金部分が少なくて残債が減らないケースもあります。それなの

に、物件価格が下がり評価損が出てしまっては喜べません。肝心の純資産を中長期で増やすこと、それが目的なのですから。

金言２：人に任せるところは任せ、自分の得意分野を生かして人生を豊かにする

　不動産投資家として私は、物件購入、建物企画、資産運用などの経営には集中しますが、物件の管理などそれ以外の業務は管理会社に任せています。実は最初の物件は戸数が少なかったこともあり、自主管理でスタートしたのですが、これが大失敗。仕事中に自分の個人携帯に入居者や近所の人からの電話がかかって、もう大変でした。物件は自宅から少し離れており、トラブルのたびに現地に足を運んで対応するわけにもいかず、結局すぐに地元の不動産会社さんに管理をお願いしました。

　そもそも私は不動産や賃貸経営は好きですが、入居者と直接交渉するような管理業務は好きではありません。同じようなタイプの方は、任せられるものは最初からプロにアウトソーシングするほうがよいでしょう。入居者とのコミュニケーションを楽しみたいタイプの方や、物件が家の隣で戸数も少ない場合なら自主管理でもまかないきれるのかもしれませんが、私の場合は、自分の得意な分野にシフトして自分の時間を有効活用しています。

　そういう、「大きな儲けよりも長期間で失敗しないこと」という方針はずっと変わっていません。しかし、年齢や資産規模の拡大とともに運用する物件は変わっていきました。始めた当初は元手となるお金が多くなく、まずは資産を拡大することが目標でした。そのため、利回り優先で、価格も高くない中古物件にしか選択肢はありませんでした。次第にキャッシュフローが蓄積されて資産規模が大きくなると、より幅広い手法を取れるようになりました。例えば、中古のアパートだけでなく、新築の物件や規模の大きい中高層のマンションなどです。

　さらに時が経ち、一定の資産規模を超えると「資産を拡大すること」から「その資産を運用すること」に目的が変わりました。そうすると、物件選びに関しては収益性よりも資産性を重視するようになりましたね。例えば、

少々利回りを犠牲にしたとしても、将来の賃貸需要が明るい土地などに注目するようになりました。それが高じて最近は土地を購入し、建物も企画から関わる新築を多く手掛けるようになりました。

金言3：付加価値を高めやすい新築、利回り重視の中古、おすすめの賃貸経営手法は立場や方針によって異なる

新築は企画から携われる分、裁量が大きく、腕の見せ所です。同じ土地でも、工夫次第で不動産の価値を高められることが魅力です。例えば、室内には給排水管等を通すためのパイプスペースがあります。ある新築物件では、パイプスペースと人が立つスペースを確保するために、脱衣所を広げ、その分居室を狭くする間取りでした（図1）。しかし、パイプスペースは四角である必要はないという話をし、三角にしてもらいました（図2）。これだと体が入るから、脱衣所を広げなくても、収納や居室が広く取れました。

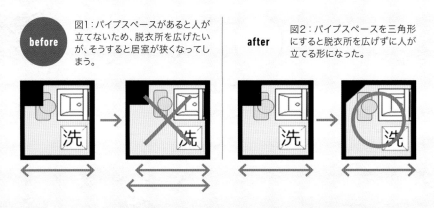

before 図1：パイプスペースがあると人が立てないため、脱衣所を広げたいが、そうすると居室が狭くなってしまう。

after 図2：パイプスペースを三角形にすると脱衣所を広げずに人が立てる形になった。

また、別の事例（図3）では、ベランダが大きくてもったいないと思いました。単身者向けプランだから、横長の広いベランダがあっても使わないことが多いのです。そこで、図4のようにベランダの一部を部屋にしました。この部分が幅2.3mほどあり、ちょうどベッドが収まりますね。すると、例えば友人が遊びに来た時、ベッド部分をカーテンで隠せば生活感を出さずにす

むので使いやすい。さらに、これは建設会社にとっては施工床面積そのものが変わらないので、建築費も据え置きでやってもらえます。コストは増えないのに床面積が広くなることで間取りが良くなり、賃料が高く取れたので大成功でしたね。

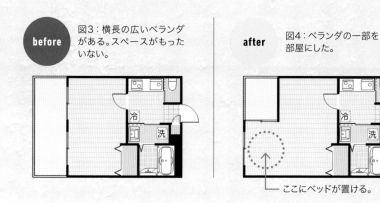

before 図3：横長の広いベランダがある。スペースがもったいない。

after 図4：ベランダの一部を部屋にした。

└ ここにベッドが置ける。

　間取りを考える上では、実際の家具の配置をどうするかなど、設計士や投資家の視点だけだと見落としてしまうけれど、そこで生活する人の視点で考えれば、もっと工夫できることがあると思います。最近企画している

スキップフロアで一味違う部屋になる

スキップフロアでイメージがガラリと変わる

物件は、スキップフロアを採用。これは、床面の一部の高さを変えることで縦方向も上手に使え、同じ床面積なのに差別化された部屋にすることができます。間取りは2Dの平面で考えがちですが、このように3Dで立体的に考えると、また新しい価値が見つけられます。

　賃貸経営について言えば、年齢や立場とともに考え方や持つべき物件も変わっていきます。私がスタートした時のように資金が少ないケースなら、まずは中古のアパートや戸建てもよいでしょう。小規模ならスタートしやすいと思います。自分に資金力がなくても、中古につきものの修繕や空室対策の手間は、自分の時間をうまく使ってDIYや自主管理でカバーすれば、収益を増やすチャンスはまだまだ隠れています。

　一方、働き盛りで収入や貯蓄もある高属性な人で、なおかつ融資が付くなら、スタートから新築の企画商品などが楽です。忙しくて賃貸経営にあまり手間暇をかけられない人でも、新築から10年ほどは修繕やトラブルも少ないので、大きな手間をかけずに、いつの間にか純資産が増えていますよ。また、定年で退職金などまとまった資金がある場合なら、退職金で土地を購入し、建物はローンで建築するというのもよいでしょう。それだと

借入金は建物分のみで返済比率もリスクも低いので、毎月の家賃収入が年金代わりになりますしね。

金言4：不動産の魅力は、労力をとられず中長期で安全に資産を増やせること

　不動産は入口を間違わずに良質な物件を購入すれば、労力がかからず資産は確実に増えていく、間違いなく有効な投資手段です。短期的利益が大きい株式投資や為替が好きな人もいるけれど、長期で考えれば先読みができて自分で工夫した分パフォーマンスが上がる不動産の魅力は大きいです。なんといっても、規模を拡大しても労力をとられないのが魅力です。そのため、会社勤めと不動産経営の両立が可能です。私は、今でもサラリーマンを続けていますが、その理由は社会的なつながりを求めているということだと思っています。

　不動産経営だけでは、人間関係が不動産会社や建築会社、銀行などに限られてきてしまうし、視野が広がりにくい。日常の業務は管理会社に任せているので、大家として毎日そんなにやることはないし（笑）。よくサラリーマン大家でハッピーリタイヤが目標って聞くけど、あまり早く引退しても、不動産経営だけでは時間を持て余してしまいますよ。だから、視野を広げながら資産運用できることがサラリーマン大家さんのメリットではないでしょうか。

金言5：市場価格には春夏秋冬のサイクルがある。中長期が前提だが時には売却して利益確定も

　私は基本、買う時に出口（売却）による利益は考えません。その物件のさまざまなリスクを考え、マイナスにならないか試算して判断するだけです。ただ市況には波があり、物件にも価格が下がって買い時の春、稼働してキャッシュを得る夏、物件価格が上がって売り時の秋、じっと待つ冬、というサイクルがあります。

長期保有を前提として考えますが、市場サイクルによってたまたま大幅に儲かるタイミグがきたら、売却して利益確定することもありますね。物件の経営には借入れもあるわけで、リスクを抱えてこの先20年で稼げる金額が、そのタイミングで売ってすぐに手に入るなら売りますよね。

　市場サイクルでいえば、今は冬から春でしょうか。収益物件は物価の上昇や下落、物件価格の上昇や下落などに左右され、波があるものです。とはいえ、タイミングを狙って短期で儲けるのは情報の多い不動産の転売専門のプロがやることであって、一般人ができることではないと思います。売却で得る特別ボーナスをもらえるタイミングがあればラッキー。個人は、そうしたタイミングを計って売買で利益を上げることはあまり考えないほうがよいと思います。

　最後に、今後の方針ですが、所有物件も一定規模に到達しているので、規模の拡大よりもこれからは財務基盤をより強固にしていくことを目指して経営していくつもりです。そして、人や社会とのかかわりを一層重視し、一生懸命働いて人生に正面から向き合いながら不動産経営を志す人がいれば、自分の経験を伝えてサポートしていきたいと思っています。賃貸経営はあくまで自分自身の人生を豊かにするための手段と考え、今は資産価値が目減りしない安定経営を目指して、老後に備えて運用をしています。

はじめに

　本書を手に取っていただきありがとうございます。私たち株式会社アート
アベニューは東京都新宿区にある不動産管理会社です。1996年創業以
来25年間、首都圏で約7,000戸の賃貸アパート・マンションの管理運営を
行っています。これまで1,000人を超える大家さんの不動産経営をお手伝
いし、地主、サラリーマン、企業経営者などさまざまな立場の大家さんが不
動産経営を通して人生の目標を達成していく光景に数多く立ち会うことが
できました。

　不動産経営は実にメリットが多く、魅力ある投資です。また、不動産経営
には「成功の法則」があり、成功している大家さんはそれを実践していま
す。そして、この「成功の法則」は、時代や市況が変わっても決して色あせ
ない「普遍的・本質的」なものでもあります。

　現在、新型コロナウイルス感染症の影響、「かぼちゃの馬車事件」のよう
なサブリースに関連した事件、その後のアパートローンの引き締め等、不動
産経営の先行きが不透明です。しかし、そうした中でも、将来の不安や、そ
れを解消するための手段として不動産経営を始めたい（または、拡大した
い）という方が増加しています。こうした時代だからこそ、たくさんの大家さ
んの成功を見てきた私たちの経験から、大家さんのお力になれることはな
いかと考え、本書を出版することになりました。

不動産経営の代表的なメリット

- 🏠 土地建物という現物資産であり、資産性を保持しやすい
- 🏠 株式等と比べて価格変動が少なく、収支の見通しもきく
- 🏠 自ら運営をコントロールでき、工夫次第で運用が良くなる
- 🏠 借入れによりレバレッジが効き、投資効率を高められる
- 🏠 不動産がお金を稼いでくれるので、不労所得を得られる
- 🏠 時価と相続税評価の乖離を利用して相続税対策ができる　　など

しかし、残念ながらすべての大家さんが成功しているというわけではありません。不動産経営が上手くいかず、弊社にご相談に来られる大家さんも一定数います。一生懸命蓄えた自己資金に加え、多額の銀行借入をして始めた不動産経営が上手くいかない状況を見るのは、本当に辛いです。不動産経営に失敗する最大の原因は「投資家の知識不足」です。十分な知識・経験がない状態で、業者にすすめられるまま、「最初から失敗することが決まっている」物件を取得してしまう方が圧倒的に多いからです。残念なことに、成功物件よりも失敗物件のほうが多いのが現実です。

　一方、成功する秘訣は何でしょうか。「不動産経営の成功は、ほぼ物件を購入した時点で決まる」と言っても過言ではありません。不動産経営には、「①入口（購入）、②保有中、③出口（売却）」という流れがありますが、この中で最も重要なのは「①入口」での購入判断です。もちろん、保有中の運営改善や、売却時に利益を高める手段がないわけではありませんが、そもそも最初から高値で購入してしまってはなかなか成功できません。不動産経営の成功には、購入段階で、購入からその後の保有、売却までのトータルの収益力、「物件の真の価値」を見定めるスキルが不可欠です。

　多くの失敗物件に惑わされることなく、成功物件を取得し、その後、保有中も磨きをかけて収益を最大化することで、将来の純資産を守る・増やすことができます。

　本書では、賃貸経営の成功のポイントを、入口・保有中・出口の3つの段階に分け、各段階において、選りすぐりの成功大家さんにインタビューをしています。インタビュー後は、「成功の法則」を皆様が実践できるように解説。また、3つの段階に加えて、税務についてもご紹介しています。より効率的に不動産経営に成功するためには「税の知識」も必要だからです。

　本書がこれから不動産経営を始められる皆様、または拡大されていく皆様にとって少しでもお役に立つことができるならば、私たちにとってこれ以上の喜びはありません。皆様の成功を心よりお祈りしています。

2021年6月
株式会社アートアベニュー

管理会社が教える！
本当にすごい７人の大家さん目次

沢孝史氏が語る長期で負けない 不動産経営の極意

第1章　入口編

第2章　保有中編

第3章　出口編

Case5

第4章　税務編

Case6

序章
不動産経営を始める前に

1 数字を理解する

　不動産経営の成功は、ほぼ購入した（建築した）時点で決まるといっても過言ではありません。判断を誤って失敗物件を手にすると、リカバリーがとても大変です。不動産を購入（または建物を建築）する段階での「判断力」が最も重要なのです。この判断は、不動産をあらゆる面から「数値化し、論理的・客観的に分析」して行っていきます。そのため、不動産経営を始める前の予備知識として数字を理解することはとても重要です。まずは、貸借対照表、損益計算書、キャッシュフロー計算書のいわゆる「財務三表」をマスターすることからスタートしましょう。

■貸借対照表を読む

　貸借対照表（以下B/S）は、バランスシートとも呼ばれ、ある時点における、プラスの資産（物件の価値）からマイナスの資産（借入金）を差し引いて、残る純資産を表します。そもそも、「不動産経営の目的」とは何でしょうか。ほとんどの場合は「資産の形成または保全」、すなわち「不動産経営によって将来の純資産を増やす（守る）こと」だと思います。これをB/S上の数字で表すと、「現在の純資産額＜将来の純資産額」を目指すことになります。その判断をするためには、現在のB/Sだけでなく、将来のB/Sをシミュレーションして比較する必要があります。図1は本書特典の「購入判

■図1：B/S（時価1億円の物件の例①）

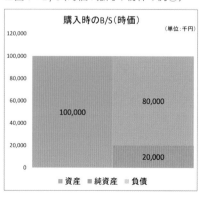
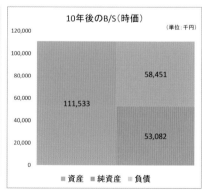

断エクセルシート」の一部です（詳細は150p）。このエクセルには、現在と10年後のB/Sが表示されます。図1の例では、オレンジ色の部分「純資産」が現在よりも将来のほうが大きくなっています。この純資産の成長によって、ご自身の目標を達成できるのかどうかが判断基準です。将来の純資産を増やすことが、不動産経営の目的ですので、財務三表の中でもB/S、その中でも「将来の純資産の大きさ」こそが、最も重要な指標といえます。

　逆に、図2では10年後の純資産が減少しています。このように将来の純資産を減らしてしまう失敗物件はつかみたくないものです。しかし、実はかなり多くの大家さんがこうした失敗物件を所有し、ご苦労されているのが現実です。おそらく、購入判断をする際に、必要な数字を見る指標を理解していない状態で物件を取得してしまったのだと思われます。

■純資産の増減を決める「インカムゲイン」と「キャピタルゲイン」

　では、純資産を増やす（減らす）要因とはいったい何なのでしょうか。それは、「インカムゲイン」と「キャピタルゲイン」が関係しています。

　インカムゲインとは、毎年、その物件を運営することで得られる現金です。家賃収入がそれにあたります。当たり前の話ですが、毎年100万円のキャッシュフローを生む物件を10年間保有していると、累計1,000万円になります。

■図2：B/S（時価1億円の物件の例②）

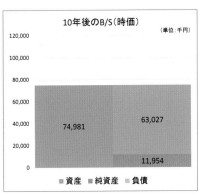

17

一方、キャピタルゲインは、値上がり益です。例えば、購入時よりも高い金額で売却できればその分資産が増えます。しかし、日本の不動産は一部を除いて、築年数とともに物件価格が下がる傾向にあります。そうなるとキャピタルゲインは期待しにくいですが、これに近い益があります。それは、物件をその時点で売却した場合の時価から借入元金を引いた差異の増加です。不動産経営の多くは銀行借入をして事業を行いますが、時間の経過とともに、物件価格と借入元金は減少していきます。物件価格の下落よりも、借入元金の減りが大きい場合、時間とともに「物件価値−借入元金」にプラスの差異が生まれます。次の例（表1）の場合、10年後にはプラスの差異が2,000万円となります。

　このように、将来の純資産を増やす成功物件とは、1.インカムゲインを得られる、保有期間中のキャッシュフローがたくさんある物件、2.キャピタルゲインを得られる、物件価値が上昇する（または落ちにくい）物件といえます。

■表1：物件価格の下落VS借入元金の下落
◆条件：物件価格は1年間1％ずつ下落する。30年後に新築時の70％になる。
　　　　ローンの条件　借入期間30年、金利1％、借入金額1億円とする。　※諸経費は考慮しない

（単位：千円）

	購入時	5年後	10年後	15年後	20年後	25年後	30年後
物件価格	100,000	95,000	90,000	85,000	80,000	75,000	70,000
借入元金	100,000	85,344	69,938	53,741	36,715	18,816	0
差益	0	9,656	20,062	31,259	43,285	56,184	70,000

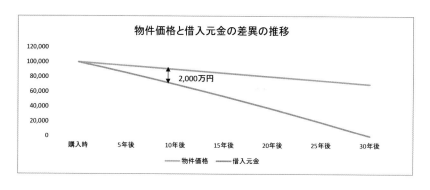

■図3：成功物件の純資産
　　　　増加のイメージ

キャッシュフローが多く、物件価格と借
入元金にプラスの差異が生まれる。

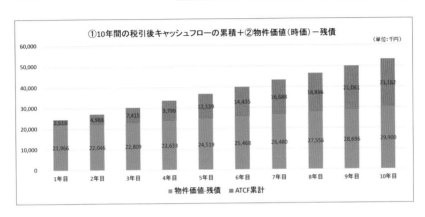

■図4：失敗物件の純資産
　　　　減少のイメージ

キャッシュフローが少なく、物件価格と
借入元金にマイナスの差異が生まれる。

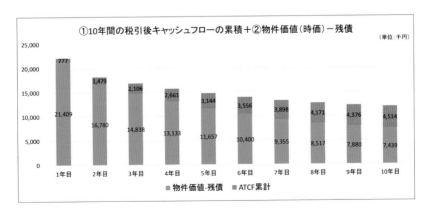

■キャッシュフロー計算書を読む

　キャッシュフロー計算書（以下C/S）は現金収入から現金支出を引いた実際のお金の動き（口座にある現金）を表します。いわば資金操りの状況です。実際、キャッシュフローがマイナスになると黒字倒産しますので（倒産せずとも泣く泣く別の本業の稼ぎを充当している兼業大家さんもたくさんいます…）、「事業を継続する」という意味ではキャッシュフローが最重要といえます。しかし、どうもキャッシュフローにばかり注目する人が多いように感じます。キャッシュフローはあくまで手段であって、目的ではありません。そのことには注意が必要です。

満室想定賃料収入（GPI）
－）賃料差異
－）空室損失
＝）実効賃料収入（EGI）
－）運営費
＝）営業利益（NOI）
－）元金返済
－）金利返済
＝）税引前キャッシュフロー（BTCF）
－）税金
＝）税引後キャッシュフロー（ATCF）

■損益計算書を読む

　次に損益計算書（以下P/L）です。これは個人の確定申告書、法人の決算書にあたるもので、事業の利益を表します。計算式は次のとおりです。

売上高
－売上原価
＝売上総利益
－販売費および一般管理費
＝営業利益
＋営業外収益
－営業外費用
＝経常利益
＋特別利益
－特別損失
＝税引前当期純利益
－法人税・事業税・住民税
＝当期純利益

　P/Lの計算はC/Sと似ているかもしれませんが、似て非なるものです。C/Sが「実際のお金の流れ」を表すのに対し、P/Lは「利益」を表します。不動産経営において、C/SとP/Lが異なる最大の要因は、C/Sには、「元金返済（経費にならない支出）」が入り、代わりにP/Lには、「減価償却費（支出を伴わない経費）」が入ることです。言ってしまえば、キャッシュフローさえ回っていれば、P/Lが赤字でも経営は継続できますし、そのほうがかえって税金がかからなくてよいと考えることもできます。反対に、それがよくない場合もあります。銀行融資を受けたい時などがそうです。銀行は、その事業が安定的に利益を生み出しているのかを評価します。誰だって赤字の会社にお金を貸したくはないですよね。そのため、銀行融資を活用して事業規模を拡大していきたい人はちゃんと黒字化しておくことがポイントです。

　こうして財務諸表を用い、数字をきちんと把握することによって、事業の収益性や安全性を測り、分析します。それも単年度だけでなく、10年間あるいは30年間という時間の流れも考慮する必要があります。その結果、購入する物件がご自身の経営の目的に沿うものなのか、あるいは、何かを調整すれば（例：あと○○万円安く買う、諸条件を調整する等）目標を達成できるのかを判断します。数字をきちんと理解することの重要性がおわかりいただけましたでしょうか。

2 「あなたはどのタイプ？」それぞれに合った不動産経営の手法

　不動産経営といっても、その方法はさまざまです。また、人によって投資に求めるリターン、許容できるリスク、かけられる時間や資金は異なり、大家さんの立場によって、ご自身に合う経営戦略もバラバラです。例えば、自分の時間をすべて不動産経営のために使える人、忙しくて自分の時間を使えない代わりに信用力があり銀行融資を活用できる人、高いリスクは取りたくないけど資金に余裕がある人など。

　下記は、代表的な大家さんのタイプ別の経営手法のモデルケースです。最適な戦略は、それぞれの立場でも違いますし、同じ人でもその時代背景や投資環境によっても常に変わりますが、これから大家さんになろうという人には、あくまでも参考としていただければと思います。

Aさん（30代会社員）の例

プロフィール	収入や貯蓄は発展途上だが、自分の時間を使っての創意工夫が得意。
戦　略	規模・価格が小ぶりな物件からスタート。ポイントは「キャッシュフロー」に加えて「担保評価」。担保評価を意識することで銀行から見たバランスシートを健全な状態に保ち、買い増すスピードを落とさず資産拡大を狙う。
注意点	高利回り＆高担保評価を裏返すと、物件のリスクが高い（例：入居付けに苦戦するなど）ともいえるので、そのリスクを経営努力で解決できるのかを慎重に判断する。

Bさん（40代会社員）の例

プロフィール	いわゆる高属性。収入や預金は潤沢にあるが、手間を取られたくない。
戦　略	自分の時間を犠牲にしたくないから、手間のかからない物件がよい。手間のかからない物件とは、例えば、好立地の築浅物件。物件価格が億単位ということも多いため、属性を活かし、銀行融資をフル活用。ある程度放っておいても時間とともに資産を増やしてくれる物件を取得する。

注意点	銀行がお金を貸してくれるからといって判断基準が甘くならないように注意する。新築は担保評価が低くなりがちなので、買い進むスピードが鈍くなりがち。

Cさん（60代退職者）の例

プロフィール	退職金があるので資金力がある。リスクを避けて手元資金を運用して老後資金にしたい。
戦　略	手元資金で土地を現金購入。その土地を担保に、借り入れを行ってアパートを建築。得られるキャッシュフローを老後資金に回す。借入比率が低く安全な運用を行う。
注意点	安全性が高いとはいえ、賃貸需要のないダメな土地を買っては元も子もないので、立地選定は要注意。

Dさん（全世代共通）の例

プロフィール	親から土地を相続した地主。とにかく相続した土地を守りたい。
戦　略	土地を持っている分、財務上のアドバンテージがあり、土地を担保に建築したマンションを保有する。
注意点	愛着のある土地はついよく見えてしまいがち。冷静に見る目が必要である。賃貸需要のないエリアにマンションを建てると負債の泥沼に陥る危険性がある。また、余裕がある分、必要以上に豪華なマンションを建ててしまうことにも要注意。

　あなたは、どのタイプに当てはまりますか？

　さて、冒頭で触れたとおり、不動産経営には【入口】【保有中】【出口】の3つの段階があります。そして、それぞれに「成功のポイント」があり、成功している大家さんはそれらを実践しています。それでは、各段階における代表的な成功のポイントとはどういうものなのでしょうか。第1章から事例を紹介しながら解説していますので、順に見ていきましょう。

第1章 入口編

Case1 田村　英喜

Case2 オッサム

不動産経営の成功はほぼ入口で決まる

**入口の
ポイント**

❶ 目標設定
・○年後の資産額を設定　・取るべきリスクとリターン
・投資出来る資金はいくらか
➡ 自分に合う戦略を考える

❷ 財務諸表
・B/S、P/L、C/Sの役割を理解する
➡ 投資戦略を数字でとらえる

❸ 市場調査
・需要＞供給　　　　　・競合物件の状況
・客層と間取り
➡ 市場をとらえ戦術を決める

❹ 査定・見積もり
・賃料査定　　・経費の見積もり
➡ これを間違うと計画倒れ

❺ 物件診断
・構造上の問題　　・設備等の修繕
➡ 保有中の中長期を見通して

❻ 物件企画
・人気の間取り　　・人気の設備
➡ 市場調査結果を反映。長期的に勝つ差別化を

❼ 融資対策
・不動産の力（担保・収益）・事業計画
・個人の力（資産・収入）
➡ 金融機関の特性を知り、最良の条件を引き出す

田村 英喜

たむら・ひでき●神奈川県川崎市のJR南武線中野島エリアで、江戸時代から続く農家の7代目。賃貸管理会社で7年間現場業務を経験後、農業兼大家業で10年。現在は駅周辺の土地を活用し、4棟68戸のマンションを所有し、満室家賃収入は約8,000万円／年。代々続く地主として「地域の活性化と地元住民・入居者に喜んでもらえるマンション経営」がポリシー。

Case1

農業7代目、兼業大家さん10年目
田村　英喜氏（40歳）

江戸時代から受け継ぐ愛着ある土地だから、タウンマネジメントで入居者にも近隣住民にも喜ばれる土地活用を

金言1：地主はエリアや立地を選べないからこそ、タウンマネジメントで地域とともに発展を目指す

ー田村さんは代々の地主さんで、本業は農業と伺っています。まず地元である中野島エリアについて教えてください。

　多摩川に近い中野島は古くは農村地帯として栄え、今も梨が名産の緑と水に恵まれた静かな街です。実家は梨、柿、みかんなどの果樹を育てていて、畑は駅前を含め3カ所に合計約5反（5,000㎡）あり、江戸時代から続いて私で7代目と聞いています。

　私が小学校の時は、それこそ畑だらけで大きな建物は何もなく、南武線が通っていたものの、駅前もがらんとしていました。当時、マンションはほとんどありませんでしたが、南武線の開発とともに今ではマンションだらけです。本当に様変わりしました。

ー賃貸経営を始めたのはいつ頃からでしょうか？

　本格的に賃貸経営を始めたのは父の代からです。祖父が亡くなった際、相続で土地が約半分になってしまったため、先祖代々からの土地を守り活用しようと、駅前の土地に賃貸マンションを計画したのがはじまりです。当時20代前半だった私は、建物というと団地のイメージがあった

ので、先祖から受け継いだ農地をつぶすこと、そこにコンクリートの大き
な塊をつくることに抵抗がありました。

　しかし、実際に建物ができ上がってみると、気持ちが一変しました。今
までこのエリアにあまりなかったコンビニエンスストアやファストフード店、ク
リニックなどをテナントとして誘致したことで、地元の人たちに「ありがとう」
と言われる喜びを感じることができました。デザインにこだわったランド
マーク的な建物にしたことで、駅前の風景も賑やかになり、地域に貢献
していることも実感しています。地主はエリアや立地を選べない半面、街
を発展させて地域とともに自分たちも成長していくことが成功の秘訣だと
確信しました。

デザインにこだわった1棟目ルネスガーデン外観

金言２：熟知したエリアだからこそ、思い込みに頼らず徹底的にマー
ケティングした客観的データで判断

－自分の土地の活用方法、新築の企画はどのように決定されるので
しょうか？

　最も気を付けているのは、客観視することです。地元だから、代々よく知ったエリアだから、ということで自分の感覚だけに頼った判断は危険です。もちろん地主だから、よく知っていることもありますが、古い歴史には詳しくても、特にここ10年は開発も相次ぎ周辺状況もどんどん変化していますから、より客観視することが重要です。そこで、新築計画時はきちんと事前に市場調査をし、最新のマーケティングデータをもとにエリアの需要、供給、間取り、賃料、将来性など客観的数字を見ながら新築物件の企画を進めます。

マーケティングレポートで客観的に分析

金言3：新築はデータをもとにデザイン・間取り・設備などで差別化し、選ばれ続けるオンリーワン物件に

－新築マンションの企画時の具体的な流れを教えてください。

　現在建築を進めているデザイナーズマンションを例にご説明しましょう。客観的データを収集して判断するために、計画開始前に「市場調査」を依頼しました。まず最寄り駅か徒歩15分圏内にある物件を対象に築年数、間取り、総戸数と空室数、賃料などの現状を詳細に確認し、競合となる物件状況を知ります。次に入居者がどんな物件を探しているか、近隣の不動産会社にヒアリングしてまとめ、この「物件の供給」と「入居者の需要」とを照らし合わせ「需給ギャップ」を探ります。そこから長期的な人気が見込めそうな間取りや設備を企画します。

　また、賃料査定も収支に直結する「肝」ですので、こちらも市場調査

の結果から論理的に算出します。周辺の成約事例や不動産会社へのヒアリングから、競合物件の設備や諸条件と比較を重ねて、より現実的な家賃を計算しています。

－ずいぶん、お詳しいですね。まるで専門家のようです。

　大家になる前は都内の管理会社で7年程賃貸経営・管理の修業をしていました。日々こういった仕事ばかりやっていたんですよ。ですから、私が元プロだったので、市場調査をした会社はやりづらかったんじゃないでしょうか。

－建物のデザインにも力を入れておられますが、何がデザイナーズの
　魅力だと思われますか？

　やはり、長期的に「埋もれない」ことですね。地域にはこれからも新しい建物が供給されるでしょう。他と似たようなものを作ると経年とともに古

1・2階には医療テナントが入っている2棟目ステラガーデン外観

臭く感じ、新しい物件と比較され選ばれなくなってしまいます。RC造のマンションは建物の寿命が法定耐用年数では47年、実際にはもっと長く運用しますから、長い目で見て選ばれ続けるようにデザインを差別化したほうが良いと考えています。もちろん、デザインに限らず、集めたマーケティングデータから需要が見込める間取り、人気の設備など住む人とその生活をイメージして企画していきます。

　また、建物を建てて終わりではなく、魅力を保つためのメンテナンスも必須です。時代遅れにならないように、マメに情報収集をして設備のリニューアルやリフォームを実施します。設備はどんどん進化するし、故障も突然発生するものなので、あらかじめ作成した長期修繕計画等に基づいて予算を確保して早めに対策をするなど、物件の魅力を保つようにしています。

　入居者や地域住民に喜んでもらえるようにテナント選定も工夫しました。例えば、駅前に建築したマンションは低層階が事務所・店舗なのですが、それまで地域に医療施設がまとまっていなかったため、クリニックに限定してテナント募集を行いました。内科、歯科、眼科、調剤薬局など

アイランドキッチンとコンクリート打ち放しの壁が印象的なルネスガーデン内装①

開放的な印象のルネスガーデン内装②

が集約したことで、地域の方から「便利になった」と言ってもらえています。10年以上が経った今も毎日多くの地域の方が利用してくれています。テナントさんにもよいシナジー効果が生まれ大成功でした。

　もちろん投資なので利回りも気になりますが、それよりも立地にふさわしく入居者にも近隣住民にも長く愛され、安心して暮らしてもらえる物件にしたい。物件の外観やプラン、そして誘致するテナントも含め、新築のプロジェクトそのものが重要なタウンマネジメントだと思っています。

金言4：入居者、管理会社、不動産会社、工事関係者、地域住民などすべての人付き合いを大切に

ー先ほど、管理会社での実務経験についてについて話されていましたが、それがいまのオーナーとしての仕事にどう影響したか、教えてください。
　自分自身が賃貸管理の仕事をしたことで、入居者に不満を抱かせない運営が身についたと思います。例えば、給湯器の故障の連絡があっ

た時、「一刻も早く直して欲しい」という入居者の気持ちも、見積もりを取り、大家に承諾を取り、工事を発注する管理会社担当者の手間も、良く分かります。何度も電話連絡でお互い忙殺されることがないよう、前もって管理会社と対応の仕方を決めておき、後は連絡しなくても管理会社がその場で判断して即時対応できるようにしてもらっています。

　また、私の「地元での付き合いのある工事会社に頼んだほうが安いかも」「知り合いに部屋を貸してあげたい」などと思うこともありますが、工事や入居者募集に関わることはすべて管理会社を通すようにしています。イレギュラーがあると、管理会社は動きにくくなり、かえって時間がかかりトラブルの元になると実体験しているからです。

　逆に現地で対応すればすぐすむようなことは、オーナー自らやって管理会社の手間を減らすこともあります（例えば、台風後の物件の被害状況の確認など）。入居者や管理会社だけでなく、工事関係者、地域住民など、関わるすべての人との円滑なお付き合いが、満室経営とエリアの発展に結びつくと思っています。

ーこれから賃貸経営を始める若い方も増えています。40歳の田村さんが、ご自身の経験から得た賃貸経営の心構えなどのアドバイスがあればお願いします。

　賃貸管理会社とは長いお付き合いになるので、コミュニケーションが円滑で心地よいか、信頼できるかなどじっくりとフィーリングが合う会社を選んでください。実際自分でも入居者対応をしたことがあるので、農業もしながら入居者と直に向きあう自主管理は無理だと思っていました。

　入居者トラブルは、時間や曜日関係なくさまざまなことが突然発生して、しかも至急対応が必要です。度胸と器量と時間がある専業大家さんでない限り、自主管理は無理ですね。最初から、管理のプロである管理会社にお任せしたほうがいいと思います。

ーありがとうございました。建築中のデザイナーズマンションの完成も楽しみにしています。

　ここでは、入口編の成功のポイントのうち、田村さんのお話にもあった市場調査、賃料査定について解説します。田村さんは地元をよく知る地主ですが、自分の感覚よりも、市場調査に基づく客観的なデータを重視していました。例えどんなに素晴らしい物件でも、そのエリアの需要と合っていなければ賃貸経営はうまくいきません。そのため、物件だけではなく、地域の特性をよく知ることが成功の近道です。そこで、市場調査の方法をご紹介します。

　主に活用される市場調査の方法は、インターネットと現地に足を運ぶ方法の2つがあります。

| 1 | 徹底的なマーケティングが成功のカギ

🏠 インターネットで得られる情報
◎主要なWebサイト

🏠 見える賃貸経営
　　https://toushi.homes.co.jp/owner/ （LIFULL HOME'S）
　　地域の空室率、需要と供給、賃料相場などの市場動向を大まかに確認できます。

🏠 不動産ポータルサイト （SUUMO、at home、LIFULL HOME'Sなど）
　　現在募集中の競合物件の状況を確認できます。

🏠 行政、鉄道会社のホームページにある統計データ、ウィキペディア
　　地域の人口や世帯数の推移、最寄り駅の利用状況や乗降者数の推移等が確認できます。

🏠 Googleマップおよびストリートビュー
　　駅から物件までの道のり、周辺の商業施設や風俗店や火葬場などの嫌悪施設を画像で目視できます。

　近年はインターネットにより手軽に情報収集ができるようになりました。

　一般的な新築アパートの企画や販売でも、インターネットから拾った情報を羅列したマーケットレポートをよく見かけます。情報が何もないよりはマシですが、その内容は「地域全体は○○」というように統計的で大まかな情報になりがちで、傾向を掴むことはできても、結局それが自分の物件の賃貸需要にどう結びつくのかよく分からないことがあります。物件の企画に役立てるには、より詳細な情報が必要です。それは、調査結果からエリアの問題点を把握でき、その解決策を具体的に物件の企画に反映できる情報です。これは、実際に足を運ぶ現地調査によって手に入れることができます。

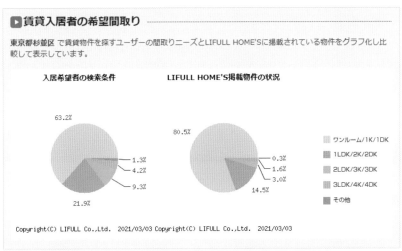

▶賃貸入居者の希望間取り

東京都杉並区 で賃貸物件を探すユーザーの間取りニーズとLIFULL HOME'Sに掲載されている物件をグラフ化し比較して表示しています。

入居希望者の検索条件

LIFULL HOME'S掲載物件の状況

63.2%
1.3%
4.2%
9.3%
21.9%

80.5%
0.3%
1.6%
3.0%
14.5%

ワンルーム/1K/1DK
1LDK/2K/2DK
2LDK/3K/3DK
3LDK/4K/4DK
その他

Copyright(C) LIFULL Co.,Ltd.　2021/03/03　Copyright(C) LIFULL Co.,Ltd.　2021/03/03

▶賃貸入居者の希望家賃

東京都杉並区 で賃貸物件を探すユーザーの家賃ニーズとLIFULL HOME'Sに掲載されている物件をグラフ化し比較して表示しています。

家賃	検索回数	LIFULL HOME'S掲載物件
～3万円	0.4%	0.2%
3万円～	0.8%	0.5%
4万円～	3.6%	5.9%
5万円～	10.4%	15.2%
6万円～	15.1%	14.9%
7万円～	15.5%	13.9%
8万円～	11.9%	12.0%
9万円～	8.8%	10.0%
10万円～	5.8%	8.0%

出典：LIFEL HOME'S「見える賃貸経営」のWebサイトより

🏠 現地に足を運んで得る情報

- 🏠 最寄り駅と、そこから物件までの道のりを歩きながら、五感で感じる情報（視覚だけでなく、喧騒、匂い、人・車通り、肌で感じる街の雰囲気など）

- 🏠 地元の不動産会社を訪問してヒアリングすることで得られる生の賃貸情報　（明確なターゲット層、効果的な設備や建物の仕様、人気の空室対策など）

　現地調査では、インターネットでは分からなかった情報をたくさん手に入れることができます。例えば、駅から徒歩5分の表記だけど、急な坂が続き体感距離はもっと長い、物件までの道のりは歩道が狭いわりにバスが通る交通量の多いところで危険を感じる、隣の建物がとても物騒で怖いなど。

　また、せっかく現地調査を行うならば、五感で感じて得た情報から一歩踏み込んで、現地の情報を記録し、数字等に置き換えて分析することで、具体的な物件の企画に活かしたいところです。

🏠 現地で行う市場調査の方法
◎供給されている物件の調査

　まずは、供給されている物件の調査です。対象物件や最寄り駅を中心に、歩きながら周辺にある競合物件の情報を目視し、調査票に記録します。記録する上で特に重要なのは「空室の数」です。後の分析では複数のカテゴリー別に空室率を分析します。インターネット上では空室でも、実際には募集していない部屋があるため、実質の空室率は異なります。ここでは、現地の「実際の空室数」を確認します。

> 🏠 **持ち物**：住宅地図※、調査票、クリップボード、ボールペン、カメラ
> ※コンビニエンスストアのコピー機で「住宅地図」を印刷できるので便利です。

> 🏠 **調査項目**：物件名、所在地、駅からの所要時間、築年数、総戸数と
> 空室数、構造、間取り、ランク付け（外観・管理状況・周辺環境）など

No.	物件名	所在地	ランク 外観	ランク 管理	ランク 環境	駅からの分数	竣工年	構造	タイプ	S/F	間取り	空室戸数	賃貸戸数	備考
1	例　〇〇マンション	〇〇1丁目2−1	B	A	B	5分	1998	RC	MS	S	1R	3	20	
2														
3														
4														
5														
6														
7														
8														
9														
10														

調査票（アートアベニュー作成）

◎入居需要の調査

　次に、需要の調査です。これは地域の不動産会社を訪問してヒアリングすることで行います。「新築物件を企画しているので相談したい」と言えば、忙しい時間帯以外は応じてくれます。そのエリアにはどんなお客様がどのような割合で存在するのか、客層別に好まれる間取り、間取りごとの賃料相場、必要な設備と差別化に効果的な設備などを伺います。

◎分析

　現地で調査した需要と供給の情報をエクセル等に入力して分析していきます。広さ、間取り、構造、タイプ、築年数それぞれのカテゴリーごとに供給戸数や空室率を分析することで、どのような物件の稼働率が高いのか傾向が分かります。さらに、供給されている間取りと、入居者が希望する間取り（需要）を突き合わせることで「需給ギャップ」を調べます。需給ギャップが「需要＞供給」となる間取りは、そのエリアで引き合いの強い間取りと言えます。

① 現地で記入した調査票をエクセルに写します。

調査物件棟数	総賃貸戸数	総空室数	全体の空室率
8	170	17	10.00%

No.	物件名	所在地	ランク 外観	ランク 管理状況	ランク 周辺環境	駅からの分数	竣工年	築年数	構造	タイプ	S/F	間取り	空室戸数	賃貸戸数	備考
1	テスト1		B	B	B	3分以内	2015	5	木造	A	S	1R・1K(20㎡未満)	3	20	
2	テスト2		B	A	A	5分以内	2000	20	RC	M	S	1R・1K(20㎡以上)	2	35	
3	テスト3		B	B	B	7分以内	1980	40	軽S	A	S	1DK	4	30	
4	テスト4		A	B	A	10分以内	2010	10	RC	T	F	1LDK	0	15	
5	テスト5		C	C	C	15分以内	1998	32	重S	M	F	2DK	2	10	
6	テスト6		A	B	B	20分以内	2002	18	RC	T	F	2LDK	1	15	
7	テスト7		B	B	B	20分超	1990	30	重S	M	F	3DK	4	20	
8	テスト8		A	A	A	3分以内	2000	20	RC	K	F	3LDK	1	25	
9															
10															
11															
12															
13															
14															
15															
16															
17															

エクセル表

② さまざまなカテゴリー別に供給数と空室数がどのように分散しているのかを確認します。

		アパート	マンション	テラスハウス	戸建	合計
シングル	賃貸戸数	50	35	0	0	85
	空室戸数	7	2	0	0	
	空室率	14.00%	5.71%	0.00%	0.00%	10.59%
	占有率	58.82%	41.18%	0.00%	0.00%	
ファミリー	賃貸戸数	0	45	15	25	
	空室戸数	0	7	0	1	
	空室率	0.00%	15.56%	0.00%	4.00%	
	占有率	0.00%	52.94%	17.65%	29.41%	
トータル	賃貸戸数	50	80	15	25	
	空室戸数	7	9	0	1	
	空室率	14.00%	11.25%	0.00%	4.00%	
	占有率	29.41%	47.06%	8.82%	14.71%	

物件タイプ別空室率

	賃貸戸数 (戸)	空室戸数 (戸)	空室率 (%)	シェア (%)	シェア ランキング	平均賃料 (円)
1K	3,464	203	5.86%	46.25%	1	¥69,653
1DK	336	36	10.71%	4.49%	7	¥72,100
1LDK	534	12	2.25%	7.13%	5	¥87,600
2K	355	35	9.86%	4.74%	6	¥57,848
2DK	994	61	6.14%	13.27%	2	¥76,144
2LDK	823	29	3.52%	10.99%	3	¥111,644
3K	10	3	30.00%	0.13%	10	¥77,000
3DK	334	7	2.10%	4.46%	8	¥91,850
3LDK	616	4	0.65%	8.23%	4	¥120,812
4K	0	0	0.00%	0.00%		
4DK	0	0	0.00%	0.00%		
4LDK	0	0	0.00%	0.00%		
5K	0	0	0.00%	0.00%		
5DK	0	0	0.00%	0.00%		
5LDK	23	0	0.00%	0.31%	9	¥168,000
店舗(飲食)	0	0	0.00%	0.00%		
店舗(物販)	0	0	0.00%	0.00%		
事務所	0	0	0.00%	0.00%		
計	7,189	390	5.21%	100.00%		¥78,571

間取り別の空室率の平均賃料

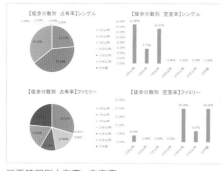

所要時間別占有率・空室率

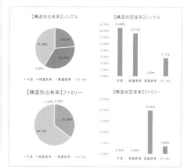

構造別占有率・空室率

③ 需要の調査結果です。入居ターゲット別に好まれる間取りと平均的な相場賃料を記録します。

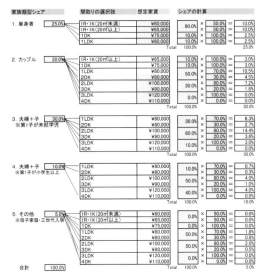

家族類型別間取りニーズ

④ 需要と供給を突き合わせて「需給ギャップ」を確認します。

	間取り	A.入居者ニーズ		B.現在の供給		需給ギャップ
第1位	2LDK	27.6%	−	8.8%	=	18.8%
第2位	1LDK	21.8%	−	8.8%	=	12.9%
第3位	1R・1K（20㎡以上）	13.0%	−	20.6%	=	-7.6%
第4位	1R・1K（20㎡未満）	10.0%	−	11.8%	=	-1.8%
第5位	2DK	8.3%	−	5.9%	=	2.4%
第6位	3LDK	7.0%	−	14.7%	=	-7.7%
第7位	3DK	6.9%	−	11.8%	=	-4.9%
第8位	1DK	5.5%	−	17.6%	=	-12.1%
第9位	4DK	0.0%	−	0.0%	=	0.0%

間取りニーズランキング

	間取り	A.入居者ニーズ		B.現在の供給		需給ギャップ
第1位	2LDK	27.6%	−	8.8%	=	18.8%
第2位	1LDK	21.8%	−	8.8%	=	12.9%
第3位	2DK	8.3%	−	5.9%	=	2.4%
第4位	4DK	0.0%	−	0.0%	=	0.0%
第5位	1R・1K（20㎡未満）	10.0%	−	11.8%	=	-1.8%
第6位	3DK	6.9%	−	11.8%	=	-4.9%
第7位	1R・1K（20㎡以上）	13.0%	−	20.6%	=	-7.6%
第8位	3LDK	7.0%	−	14.7%	=	-7.7%
第9位	1DK	5.5%	−	17.6%	=	-12.1%

需給ギャップランキング

● 具体的な対策の立案

調査・分析の結果を踏まえて、物件の企画に役立てる具体的な対策をまとめます。

◎企画に反映することの例

- 調査の結果、当該地域は単身者よりも、カップルやファミリーといった2名以上の世帯が多い傾向である。単身者は駅近（5分以内）を好み、当物件のように駅10分を超える場合は単身者の需要は減る。当物件のターゲットは社会人カップルをメインとする。

- ターゲットの好みに加え、地域では1LDKの間取りは供給が少なく、需給ギャップが最も高いことから、当物件の間取りは1LDKを中心に企画をすすめる。

- 1LDKの空室率は2.25%と、地域全体の5.21%と比較して圧倒的に低い。特にマンションタイプの1LDKはほぼ空室がない。一方で、単身物件の中でもアパートタイプのものは空室率が約10%と苦戦している様子がうかがえた。

- 1LDKの相場賃料は8.5万円である。当物件の企画は1LDKを中心とするが、念のため賃料収入と稼働率を考慮して他の間取りの検討も並行して行う。

- 仲介会社へのヒアリングから、1LDKの平均的な賃料は8.5万円だが、マンションタイプでハイグレードであれば10万円程度でも成約しているとのこと。また当地域には外観ランクAのハイグレードマンションは非常に少ない。当物件は元々RCの企画であるが、外観デザインや設備・仕様に配慮し、グレード感を高めて差別化を図る。

- 駅から10分を超えると駐車場の需要が高まる。ヒアリングと競合物件の駐車場の稼働状況から、当物件でも世帯数の50%程度の駐車場を確保したい。

- 仲介会社から、必須設備として、エアコン、追い炊き、システムキッチン（コンロ2口以上）、独立洗面台、脱衣所を備える。加えて差別化設備として都市ガス、無料インターネット、浴室乾燥機、オートロック、宅配ボックス、24Hゴミだしを設けたい。当地域において仲介会社がお客様にすすめやすいポイントは「都市ガス」と「インターネット無料」と「宅配ボックス」とのこと。

2 | 賃料査定で満室想定賃料の落とし穴を回避しよう

　収益不動産を取得する際には、どんな大家さんでも収入の予測をしますが、その予測自体がズレているケースがあります。「収入の予測（賃料査定）」が間違っていては元も子もありません。物件購入前には「満室想定賃料」から収益分析を行うことが一般的ですが、果たしてその「満室想定賃料」は妥当なものでしょうか。例えば、新築物件にはまだ入居者がいませんので想定するしかありません。通常、この想定賃料を提示するのは物件を販売する不動産会社ですが、販売会社は売りたい気持ちが強いため、つい想定賃料を甘くつけがちです。それなら、すでに入居者がいる中古物件なら安心かといえば、こちらも注意が必要です。なぜなら、昔からずっと住んでいる入居者は、最近入居した入居者と比べて賃料が高い場合が多く、長期入居者が退去するたびに賃料が下落する可能性があるからです。すぐに長期入居者が退去するとは限りませんが、「再募集した場合の賃料」も想定しておくことが必要です。

　余談ですが、「物件を売却する予定→募集賃料を引き上げる」ということが業界ではよくあります。これは、一般的に収益物件の価格は、「収益還元法」という不動産評価の手法によって決まるため、家賃を高く設定することで満室想定賃料が上がり、売却価格が上昇するためです。しかし、相場を超える賃料ではなかなか入居者が見つかりません。そこで、家主から客付け仲介業者へ支払う広告料（ADと呼ばれます）を増やすなどして力技で客付けすることもあります。

　というようなこともあるので、新築物件であろうと、中古物件であろうと、物件を購入する際には「本来の賃料」を冷静に査定しないといけません。

■ 賃料査定3つの方法
①インターネット上での「簡易賃料査定」
　例えば「SUUMO賃貸経営サポート」などのインターネットサイトでも簡単な賃料査定サービスがあります。これまで掲載された類似物件の情報から賃料や諸条件を算定していますが、あくまでも参考程度としておくべきでしょう。

出典：リクルート「SUUMO賃貸
経営サポート」から「賃料・設備相
場チェッカー」のWebサイトより

②AIによる賃料査定

　最近はビッグデータとAIを活用した賃料査定サービスが増えていま
す。これらのサービスは年々精度や機能性が高まっていますので今後ま
すます期待できそうです。ただし、サンプル情報が少ない場合など精度の
バラつきが大きく、細かい条件設定もできないため、現時点ではこちらも参
考程度かと思います。

③ ヒト（不動産会社）による賃料査定

　結局、現在はWebサービスよりもヒトによる査定に頼ることになります。
前述のように物件を販売する会社の査定だけでは賃料設定が高くなりが
ちです。そのため、販売会社と利害関係がない管理会社や地元の賃貸
仲介会社に賃料査定を依頼することは有効です。

　ご自身で賃料査定したい方のために、弊社が独自に行っている「コン
ペア式賃料査定」の手法をご紹介します。詳細は巻末をご参照ください。

　これまで述べてきたように、入口段階ではさまざまなリサーチが必要な
のです。

コンペア式賃料査定表

査定の仕方:
各アイテム毎に査定物件が、類似物件と対比して、優れている場合にはその分のプラス（＋）評価の賃料（千円単位）を、劣っているときにはマイナス（−）の賃料を記入する。また、評価は各アイテム単位で行なうものとする。その結果、プラス（マイナス）評価が続いた場合に、賃料が常識以上にアップ（ダウン）してしまうからといって、各アイテム評価の段階では評価の調整はしないこと。あくまで、合計調整は最後に一括して行なう。

20　年　月　日

担当：

	アイテム	査定物件の概要と評価			類似物件の概要	
		物件名				
物件	構造	○千円	木造		木造	
	物件タイプ	○千円	アパート		アパート	
	築年数	0.0千円	○	年	○	年
	遮音性	千円	優・良・可・不可		優・良・可・不可	
	外観	千円	優・良・可・不可		優・良・可・不可	
	外構	千円	優・良・可・不可		優・良・可・不可	
	セキュリティー（オートロック・防犯カメラ等）	○千円	S：無		S：無	
	駐車場	千円	無		無	
	駐輪場	千円	無		無	
	階数	○千円	1階		1階	
	角部屋	千円				
		千円				
間取り	ベッドルームの広さ合計	○千円	○	帖	○	帖
	K，DKまたはLDKの広さ合計	○千円	○	帖	○	帖
	居室	○千円	洋室		洋室	
	収納の広さ	○千円	○	間	○	間
	風呂（トイレ）	千円	独立		独立	
	独立洗面台	○千円	有		有	
	洗濯機置場	○千円	室内		室内	
	バルコニー	千円	有		有	
	ロフト	○千円	○	帖	○	帖
		千円				
室内設備	風呂追い焚き機能	○千円	S：有		S：有	
	エアコン	千円	台数（　）台・無し		台数（　）台・無し	
	浴室乾燥機	○千円	有		有	
	床暖房	千円				
		千円				
立地・環境	日当たり	千円	優・良・可・不可		優・良・可・不可	
	立地（隣接建物・ロケーション等）	千円				
	駅からの距離	千円	○	分	○	分
	利便施設（スーパー・コンビニ・生活施設等）	千円				
	嫌悪施設（幹線道路・線路・墓地・斎場等）	千円				
	方位	千円	南・東・西・北		南・東・西・北	
		千円				
		千円				
募集条件	敷・礼など契約条件	千円	礼金　ヶ月・敷金（保証金）　ヶ月		礼金　ヶ月・敷金（保証金）　ヶ月	
	業者バックの内容	千円	ヶ月／円・無		ヶ月／円・無	
	物件名	千円	優・良・可・不可		優・良・可・不可	
	ペット飼育	千円	可・不可		可・不可	
		千円				
		千円				
他	インターネット無料	○千円	無		無	
		千円				
		千円				

評価額合計	0.0 千円

合計調整値とは、各アイテム毎のプラス（＋）評価が重なった場合などで、そこまでは賃料がアップ（ダウン）しないだろうとするときに調整する

合計調整値	千円

類似物件の賃料	○千円

類似物件とは、査定物件と同じエリア内で、間取りが同じタイプ、かつ適正賃料の物件を選択する。

適正賃料とは、空室募集をした際に、おおむね2ヶ月以内に成約が見込める賃料。

査定賃料	○千円

営業調整値	千円

営業調整値とは、上記で出た「査定賃料」では、営業上どうしても弱いとき、会社・上司の判断により、最上限値を設定する。これは、「査定賃料」はあくまで、市場の冷静な賃料を把握する事を目的としており、「査定賃料」内に、営業上の「前のめり」の数値が混入する事を防ぐ狙いがある。

査定物件の提案賃料	千円

コンペア式賃料査定表（巻末158pに使い方を紹介しています。）

オッサム

オッサム●サラリーマン一本の人生に危うさを感
じたことから、リスクヘッジと将来の資産形成を目
的に、都心に土地を購入して賃貸併用住宅を建
築し、大家業に参入した某上場企業勤務のサラ
リーマン大家。積極投資で、23区内に土地を購
入、木造アパートと鉄骨マンションを新築する。
大家歴4年ながら、新築3棟22戸、満室家賃収入
2,000万円超、と順風満帆に進む中、サラリー
マンとして活躍しながらも、「賃貸経営はさまざまな
知の集大成。日々学びで面白い」と語る、勉強家
な若手兼業大家さんである。

Case2

自身の強みを生かし土地購入から新築アパートを企画
オッサム氏（40代前半）

独自の徹底した投資戦略、情報収集と行動力が強み 大家歴4年で都心に新築3棟を取得したサラリーマン大家さん

金言1：会社員一本の収入で勝負する人生は危うい。不動産事業でリスクを分散

ーサラリーマンとしてご活躍されながら、賃貸経営も始められたのはどんな経緯だったのでしょうか。

　バリバリ働き、サラリーマンとしてイケてると自己評価していた30代半ば、相性の悪い上司にあたってしまったのがきっかけです。頑張っても評価されず、サラリーマン一本で勝負する人生のリスクに気付きました。万が一、この先我慢しかねる状況に陥った時、家族を養っていくためにはもうひとつ収入の柱を作っておかねばと悟りました。それからあらゆる投資にトライし、最終的に拘束時間が少なくサラリーマンの仕事とも無理なく兼業できるアパート経営を選択しました。

ー最初の土地を購入して1棟目の賃貸併用住宅を建てるまでの具体的な動きを教えてください。

　平日はサラリーマンとして働きながら、土地勘のある自宅周辺の土地探しを始めました。当時賃貸で住んでいたマンションは、東京23区内にあり、住環境もすばらしく、「間違いない立地」だと思ったからです。しかし、土地を探し始めたものの、買い付けを入れても縁がなく、なかなかいい

出会いがありませんでした。

　探し始めて約2年、ようやく約100㎡の土地を購入できました。実は、この土地は、アパートを建てるには狭く、戸建てには価格が高いという中途半端さが災いして、長く売れ残っていたんです。売り出しから約1年で価格が3分の2にまで下がり、そのタイミングでさらに指値をして購入しました。そこに、1棟目の自宅を兼ねた賃貸併用住宅を建てました。

　建築プランは木造3階建てを容積率ぎりぎりまで使った自宅と賃貸の面積比率を自宅51％：賃貸49％に収めた最終図面ができ上がるまで、とことん図面に向き合い20回も設計変更しました。設計会社も、よく付き合ってくれたと思いますよ。ここでプランについて徹底的に考え抜いたおかげで、自分なりの賃貸住宅の間取りについての知識が深まりました。さらに、斜線制限をはじめとする建築するうえでの「法令上の制限」にも詳しくなったおかげで、簡単なボリュームチェックなら自分でできるようになり、その後の土地探しに役立っています。

2棟目は木造3階
建てアパート

金言2：新築は土地の仕入れが命。毎日30分、欠かさず新着情報の「お宝」チェック

ーご自宅の建築後、短期間で2つの土地を購入されていますが、情報収集の秘訣を教えてください。

　会社員のため、日中にまとまった時間が取りにくいものですから、無駄なく手間なく必要な情報が手に入る自分なりの「型」をつくりました。具体的には、毎日30分程度インターネットでSUUMO等の不動産ポータルサイト、個別不動産会社の物件情報を巡回し、新着情報のチェックをルーティンにしています。いい物件がないことのほうが多い「宝探し」ですが、気になる物件が見つかればラッキーと考えれば、まったく苦になりません。

　候補地が見つかったら、建蔽率・容積率、接道状況等から、自分で簡単なボリュームチェックをします。プランが入りそうだと思ったら、できるだけその当日の会社帰りに現地に立ち寄って見学します。周辺環境などは現地に行かないとわからないですからね。

　ですが、いい物件はライバルも多いので、サイト掲載からわずかな時間で売れてしまうことが多いです。なので、短い時間でも毎日情報収集すること、そしてスピード感を大切にしています。

ー膨大な情報の中から「お宝」を素早く探し出すコツや判断基準を教えていただけますか？

　エリア、規模、予算などをあらかじめ決めておくことでしょうか。私の場合は、東京23区内で将来人口が安定していそうなエリア、最寄り駅か

3棟目は鉄骨マンション

ら徒歩10分以内、100〜150㎡の広さ、建蔽率60%・容積率160%、高度地区は2種か3種などです。木造3階建てアパートが建てられる土地を探しています。また、単身タイプで家賃が7.5万円以上とれることも条件にしています。そして、収支を計算し、表面利回り8%（木造の場合）程度が見込めるかを判断しています。

　例えば、家賃7.5万円で木造3階建てアパート9戸の場合、満室想定賃料は年間約800万円です。表面利回り8%を狙うということは、土地と建物の予算は1億円と計算できます。20㎡程度の1Kを1戸当たり550万円くらいで建築すると考えると、9戸なら5,000万円。そうすると、土地取得の予算は5,000万円となります。値引き交渉することも考え、売り出し価格は6,000万円くらいから検索します。家賃や建築費用には相場がありますので、土地をできるだけ安く買って建築しないと、都内ではこの利回りは確保できません。ですから、土地の仕入れが「命」ですね。

金言３：不動産経営のあらゆるリスクを洗い出し、自分の許容範囲でリスク管理と分散で対処

ー大家歴４年で新築３棟だと、かなり順調な滑り出しとお見受けします。ご自身では何が強みだとお考えですか？

　とにかく失敗しないために「リスク管理」は徹底していると思います。不動産経営は借入金額も大きいため、一度コケたら終わり、という気持ちで運任せにせず、自分なりに計算して判断しています。知識をつけ、知らないことや負えない範囲のリスクがあることには手を出しません。

ーさまざまな不動産経営の手法がある中で、都心部の新築を選んだ理由を教えてください。

　考え方は人それぞれだと思いますが、これもリスクヘッジだと考えます。私の場合は地方や中古物件のほうが、リスクが大きいと感じました。元々地方都市出身の私は23区や東京の郊外には土地勘がありませんので、賃貸需要がわかりません。それに、郊外だと現地を見に行くだけで休日

がつぶれてしまう。中古物件についても、建物の構造面や修繕の知識も少なく、仕事中に対応もできませんので難しいと判断しました。

　もちろん新築にも多くのリスクはあります。土地を購入しても思いどおりに建築が進まない、完成後も想定賃料どおりに部屋が埋まらないといったリスクです。予想可能なリスクは、あらかじめどう対処するかが大切だと思います。

　例えば、私の場合は都心部の新築なので空室の心配は少ないほうですが、あえて空室保証を選択しています。空室保証によって家賃収入の10%分手取りが減りますので割高に感じられるかもしれませんが、空室保証がない場合でも空室損失が4%、管理手数料が5%と考えると、9%に相当します。差の1%は、収入を平準化するための手数料だと思っています。つまり、本業があることを考えると、入居者対応や空室で悩まされることへの時間的・精神的リスクヘッジですね。

　新築・中古にかかわらず、不動産共通のリスクとしては、立地を変えられないこともあります。立地の選択を誤ると取り返しがつきません。しかし、専門家でもない私は、長期的な視点でその土地の将来性を見抜く自分の力を当てにしていません（笑）。そこで、出店マーケティングが優れていると言われているファストフード（郊外店を除く）が出店しているエリアや、駅の乗降客の推移などといったデータを参考にしています。

設計士に任せきりにせず、自ら積極的に間取りを企画

実は2棟目・3棟目は荒川が近い低地エリアで、地震や河川氾濫といった天災リスクを抱えています。もちろん、火災保険や地震保険には加入していますが、やはり台風が直撃したときなどは気が気でないので、将来的には天災リスクの低いエリアの物件を取得し、立地の抱えるリスクを分散しようと考えています。

金言4：不動産の「レバレッジ」×投資信託の「複利」の相乗効果で、資産形成の効率を高める

－サラリーマン大家さんになって4年経ちましたが、メリットなどをお聞かせください。

最大のメリットは、サラリーマンとしての評価を必要以上に気にしなくなったことです。大手企業でも45歳を超えるとリストラ対象になることがありますが、怯えることは一切ありません。それ以上に、仕事とはまったく違うジャンルを学び、知識の幅が増えるのは大きな喜びです。不動産は高い買い物で、一生避けて通れません。なのに誰も教えてくれない。しかし、その知識があるのとないのとでは、人生に大きな差があると思います。

これまでいろいろな投資にチャレンジしてきましたが、株や為替は相場変動も激しく、タイミングを逃さないよう、パソコンに張り付いていなければならないため兼業向きではありませんでした。しかし、不動産経営は「仕込み」が勝負ですので、購入時こそ手間はかかりますが、その後は長期間、時間の拘束が少ないのがメリットです。入口さえ見誤らなければ、ある程度放っておいても資産形成が進みます。購入時でも、退社後の平日夜や週末を使って現地を確認する程度の時間的余裕はあるので、サラリーマンの仕事とも無理なく兼業できていい刺激になっています。

－今後の資産形成についてのビジョンをお聞かせください。

不動産経営の醍醐味は、なんといっても銀行借入を活かすことで自己資金以上のリターンを得ることができる「レバレッジ」に尽きますね。しかし、現在は銀行の信用を得るために、不動産から得たキャッシュフローを

普通預金口座で寝かせるだけですから、運用できていないのがもったいないです。これまでもインデックス型の投資信託を長期間買い続けることで「ドルコスト平均法」を活かし、投資信託の複利効果を実感した経験があります。そこで、今後は無理のない範囲でレバレッジが効く、不動産から得たキャッシュフローを複利の投資信託で運用するという、最強の相乗効果で資産形成の効率を高めたいと考えています。

ーレバレッジと複利の組み合わせは投資の王道ですね。貴重なお話ありがとうございました。

　ここでは、オッサムさんの話に関連して新築の場合の土地購入・間取りの企画。そして、不動産経営ではほとんどが融資を受けることになるため、融資を受けるポイントについて解説していきます。

1 速やかに適切な土地を見つける方法

　オッサムさんは、毎日欠かさず売地情報をチェックすることで、良好な土地を手に入れていました。土地を購入してアパートを新築する場合にカギとなるのが「土地の仕入れ」です。建築費や諸経費は相場が決まっていますし、企画に工夫の余地はあるものの、賃料にも上限があります。そのため、より収益性を高めるには「土地を安く取得すること」が肝心です。お得な土地を手に入れるためには、日々探し続けることはもちろん、あらかじめ一定の条件で絞り込むことで効率を上げることが重要です。

🏠 効率的な土地探しのための条件絞り込み

　膨大な土地売買情報から自分に必要な情報だけを絞り込んでおくと、土地探しのスピードと効率が上がります。絞り込み条件はエリア、土地の大きさや金額、容積率などの諸条件です。不動産会社や金融機関に相談をしているうちに、絞り込み条件が定まってきます。弊社でも賃貸経営の目的や資産状況等に合わせて諸条件のご提案を行っています。

◎条件絞り込みの一例

🏠 仕事が忙しく、あまり手間のかからない新築または築浅の物件がよい。

🏠 自己資金が2,000万円、頭金2割と考えると物件（土地＋建物）価格は1億円程度。

- 表面利回りで8％程度欲しい（1億円の物件ならば、満室想定賃料800万円）。

- 賃貸需要を考え、都心まで1時間以内にアクセスできる駅、駅から徒歩10分以内の立地がいい。

- 単身者向けの1戸20㎡程度1Kタイプのアパートで賃料が7万円以上のエリアがいい。

- 仮に賃料7.5万円で満室想定賃料800万円とするなら、世帯数は9戸程度が目安になる。

- 建物規模を考えると、土地は40坪（132㎡）前後の広さが必要。

- 木造3階建てを想定すると高度地区や斜線規制にも注意したい。

まとめると、例えば、次のような条件で土地を探すことになります。

◎土地探しの条件

- **エリア**
  ○○線○○駅～○○駅または○○線○○駅～○○駅

- **徒歩分数**
  駅から徒歩10分以内

- **面積**
  100㎡～150㎡

- **平均賃料**
  7万円以上、戸数8戸～12戸程度のアパートが入る土地

- **建蔽率／容積率**
  できれば60％／200％

- **高度地区**
  第2種または第3種

　次に、その土地の購入予算を決めます。ここでは、想定される賃料収入や建築コストから逆算し、土地の取得予算を求めます。

◎土地取得予算の計算式

想定賃料	戸数		期待利回り	建築コスト[※1]		諸経費[※2]	

7.5万円×9戸×12か月÷8%－（550万円×9戸）－500万円＝4,675万円

※1 　建築コスト：1戸（20㎡1K）あたり550万円で建築することを想定
※2 　諸経費：物件価格（年収800万円÷8%＝1億円）の5%程度を想定

　この例の場合、40坪（約132㎡）程度の土地にかけられる費用は4,675万円となりますが、後に値下げ交渉をする可能性も考慮し、6,000万円以下くらいの条件で土地を探していきます。土地探しは、不動産ポータルサイト等に「お気に入り条件」を登録し、こまめに新着物件を確認します。同時に、不動産会社を訪問して土地情報を取得するとよいでしょう。

🏢 土地を見つけてからアパートを建築するまでの大まかな流れ
◎不動産会社から土地の資料を取得

- 良い土地を見つけたら、不動産会社に連絡し物件資料を送ってもらいます。
- 並行して自分で簡単なボリュームチェックをしたり、現地確認をしたりします。

◎建設会社（建築士）にボリュームチェックと建築工事見積を依頼

- 土地の資料を設計士に提出し、ボリュームチェックをしてもらいます。
- 建設会社に建築工事の概算見積を作成してもらいます。

◎金融機関の融資審査

- 物件資料とご自身の属性資料を金融機関に提出し、融資審査を受けます。
- 融資の審査は通常、支店審査→本部審査と進みます。

◎土地の売買契約と決済

融資承認が取れ、大まかに予算どおりで進められるだろうと目途が立てば、土地を購入し、建築プランを固めて建築工事に進みます。

---

2 新築物件は間取り企画にこだわりを

　オッサムさんは、とことん図面にこだわって、自ら間取りのプランニングをされていました。間取りをゼロから考えられることは、新築ならではの魅力です。設計士に任せきりにするのではなく、自ら手を加えることで、より選ばれる物件となり、大きな収益をもたらしてくれるでしょう。

◎間取り企画のポイント　※Wは幅のこと

- 大前提として、エリアとターゲットに合った間取りにする。
（単身：1Rよりも1K、DINKS：1LDK、ファミリー：2LDK〜）
- 廊下など無駄なスペースを削り、居室として使える面積を広くする。
- 水回り設備を充実させ、競合物件以上のスペックにし、差別化を図る。
- キッチン
単身はW1,200㎜が多く、ファミリーはW1,800㎜以上が一般的。単身でも2口コンロが好まれる。W1,200㎜のキッチンに2口コンロも可能。同じサイズでもミニキッチンと言われる簡易的なものは避け、システムキッチンにしたい。W1,500㎜あると、まな板を置くスペースも取れるのでなおよい。ただし、キッチンばかり大きくて居室が狭いなら逆効果なのでバランスが重要。
- ユニットバスはサーモスタット付き水栓、シャワーヘッドはメタル仕様、浴室乾燥機を設置。
- 単身物件でも、脱衣所と独立洗面台が望ましい。ファミリーでは追い炊き機能が必須。
- 収納は必須。クローゼットは、単身でも半間（W900㎜）以上が必要。できれば一間（W1,800㎜）が望ましい。
※靴箱はブーツも入るタイプ、洗濯機置場やトイレの上に収納棚を設置する。

- 水回り以外の設備も共用部・専有部ともに近年標準となっている設備設置に配慮する。

  (例：オートロック、駐輪場、宅配ボックス、ゴミ置き場、無料インターネット、バルコニー、エアコン、ワークスペース、スイッチ類、ペアガラス等サッシの性能)

- 動線と目線への配慮、入居者の生活をイメージする。

  (例：玄関に立った際、直接部屋が見えないようにする。冷蔵庫置き場、家具の配置、スイッチ類など生活のしやすさをイメージ)

- 平面ではなく立面で、スペースを有効活用する。

  (例：スキップフロアなどを利用し、立体的な間取りで限られた面積を有効活用)

- 各戸の間口

  単身（１R・１K）の場合、各戸の幅が2,600mm以上ないと、ユニットバス・廊下・キッチンを横に並べる配置の１Kが作りにくく、次ページの図①のように、ユニットバスとキッチンを縦に並べることになり、廊下が広くて居室が狭くなりがち。

🏢 間取り企画の流れをご紹介

　上記の基本的なポイントをもとに、間取り企画の具体的な進め方として、弊社が木造アパートの間取りを見直した実例をご紹介します。

〈土地の条件〉

- ・土地面積：40坪

- ・建蔽率／容積率：50%／150%
  ※建蔽率は、準耐火建築物＆角地緩和により70%まで緩和可

- ・防火指定：準防火地域

- ・用途地域：中高層住居専用地域

- ・高度地区：第２種高度地区

◎元のプラン（図①）

　土地購入の段階ですでにラフプランがあるというので見てみると、1フロアに4戸、18.6㎡の1R。このままでは不人気物件になること間違いなしです。

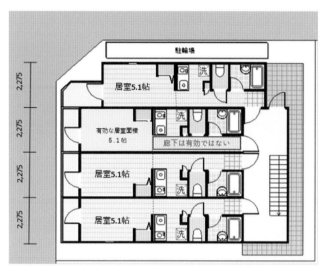

居室5.1帖

有効な居室面積
5.1帖
廊下は有効ではない

居室5.1帖

居室5.1帖

駐輪場

洗

2,275
2,275
2,275
2,275

図① 元の間取図（before）

〈良くない点と理由〉

- 窓が片開きで半間（W900㎜）しかなく、部屋が暗くなりそう。
  →引き違いで一間（W1,800㎜）ある掃き出し窓にしたい。

- 玄関からキッチンまで廊下が大半をしめ、ベッド脇もほぼ通路になりそう。
  →（廊下を除いた）生活に有効な居室面積が重要で、せめて6畳は欲しい。

- 独立洗面化粧台、脱衣所がない。
  →間取り企画では、間取りに加えて「人気設備」にもこだわる。

- キッチンが1口コンロでシンクが小さいミニキッチン、冷蔵庫は置けるのか？
  →住む人の生活を考えて、2口コンロ、システムキッチン、冷蔵庫の位置も重要。

- 玄関には靴箱もない。

諸悪の根源は各室の間口の狭さにありそうです。各戸の幅（W）が2,275mmしかない場合、キッチンの配置をはじめ、各所が非効率になります。よく見ると、この敷地は横長なので、向きを90度変えて各戸の間口を広くすれば、良い間取りが入りそうです。幸い2方向に道路があり、窓先空地等の問題もなさそうです。

〈変更1〉向きを変え、必要な設備等をリクエスト（図②）
〈リクエストの内容〉

・向きを90度変えて、各戸の幅を確保し、キッチン等の向きを正したい。
・駅から至近のため、駐輪場を犠牲にして構わない。それより専有部を優先したい。
・間取りは、1Rではなく1Kにしたい。
・脱衣所も欲しい。また、そこに洗面化粧台を設置したい。
・キッチンはシステムキッチンにして、コンロは2口にしたい。

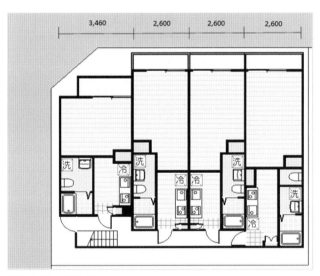

図② 変更1の間取図

　各戸の間口をW2,600mm以上にしたことで、無駄だった廊下のスペースが減り、居室の面積が増えました。間取りも1Rから1Kに変わりました。しかし、中央の2部屋の居室の形はとても使いにくそうです。風呂に入る時のトイレの位置も気になります。そこで、図面の再修正を依頼します。

〈変更2〉気になるところの再修正（図③）

　洗濯機置場を脱衣所から廊下に出すことで居室の形を整えたり、収納の幅を調整したり、他にもいくつか細かいところを直してもらいました。

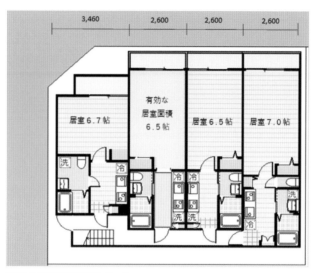

図③　変更2の間取図（after）

　居室は、6.5畳〜7.0畳を整形に取ることができました。W1,500のキッチンに2口コンロは競合物件との差別化になりそうです。脱衣所があり、洗面化粧台が入りました。大きくはないですが、靴箱もあります。図①beforeと比べると図③afterでは、居室の過ごしやすさも、水回り設備の快適性も高まりました。

● 同じコストでも物件価値に大きな差がつく

　ここまで新築の企画にこだわるのは、長期にわたる賃貸経営においては、最初の企画の差による千円単位のわずかな賃料差が、長い期間ではとてつもない価値の差に変わるからです。

　例えば、beforeとafterに各戸5,000円の賃料差がつく場合、総戸数10戸では年間60万円の収入の差となります。この市場が表面利回り7%の場合、物件の価値の差は、直接収益還元法では、60万円÷7%＝857万

円になります。また、保有中の収益を考えると、毎年60万円のグロスの増収から空室損失と運営費を概算20%として控除したネットの収入（NOI）の増加は48万円となります。48万円の増収が30年続くと1,440万円ですので、より大きな差がつきます。

　一方、どちらのプランも、建築面積そのものはほぼ変わらないため、建築費も大きく変わりません。同じコストで1,000万円得したようなものです。このように、長期にわたる賃貸経営では、新築の間取り企画が重要だということがわかります。

3 ｜ 融資を受けるためにできること

　不動産経営は金融機関から融資を受けて行うことがほとんどのため、すべては「融資ありき」です。融資してもらえなければ事業を始めることができません。最近は、「新規にアパートローンを借りたい」というご相談が多いので、融資を受けるためにできること、より有利な条件で融資を受けるために必要なことをご紹介します。

◎個人属性をしっかりとPR

- 🏛 **収入を高くする**……共働きの場合は夫婦の世帯年収とします。

- 🏛 **資産を大きくする**……現預金や有価証券だけでなく、保険の解約返戻金や確定拠出年金など、記載できるものはすべて資産に加えます。

- 🏛 **経営計画書を作成する**……不動産事業を始める理由、事業の目的、経営に関する知識、想定される課題とその解決策など、経営者としての手腕や考えをPRします。

◎自ら銀行開拓して付き合う銀行を増やす

　通常は、不動産を販売する会社が金融機関を紹介してくれます。日頃から金融機関と取引がある業者紹介は、何もない状況から入るよりも融資を受けられる可能性は高まります。しかし、業者紹介の金融機関が最

良の融資条件を提示してくれるとは限りません。そのため、あらかじめ自ら
も銀行開拓をしておくことで、付き合う銀行のバリエーションを増やしておく
ことが有効です。

　ところで、皆さんは普段どの銀行を利用されますか?　特に理由はない
けれどATMも多いしメガバンク(都銀)という人が多いかと思います。しか
し、都銀は一般人にはなかなかアパートローンを出してくれません。不動産
経営を始めるなら、都銀よりもお金を貸してくれる可能性が高い地銀・信金・
信組に口座を設け、お付き合いを深めることをおすすめします。最近はネット
バンキングや電子決済も進みましたのでATMが少なくても困りませんしね。

🏦 自ら銀行開拓をする3STEP

① 自分に合った銀行を選ぶ

　銀行には種類があります。まずは自分に合っている金融機関を選びま
す。一般個人の方は地元の地銀や信金・信組を開拓していくことにな
ると思います。

② その銀行に口座を開設する

　給与振込先や定期積金に設定して取引しておきます。将来、不動産
購入の相談に行った際「なぜ当行に?」と聞かれますので、「もともと口
座がありメインバンクですから」と答えると話がスムーズです。

③ 担当者と面談する

　具体的な案件が発生した際に資料を準備し、融資担当者に連絡して
面談するだけです。最初の相談案件ですんなりと物件購入につながる
こともありますが、多くはいくつもの案件を相談しているうちに購入にい
たります。そうしてたびたび相談しているうちに融資担当者との関係が
深まります。

◎金融機関の種類と特徴

金融機関	金利相場	特徴	相性が良いタイプ
都市銀行	1% 前後	・低金利 ・長期借入が可能 ・融資審査が厳しい	・事業主・大地主など資産家 ・新築や築浅 ・担保価値が高い場所
地方銀行	1.5%〜 4.0%	・地域に特化 ・銀行により融資姿勢がさまざま	・資産家以外もOK ・新築から築古まで ・支店のあるエリア内
信用金庫 信用組合	2% 半ば	・地縁を重視 ・地域の相互扶助が目的	・新築から築古まで ・自宅や物件がエリア内にあると◎
ノン バンク	2.5%〜 4.5%	・融資審査が柔軟 ・融資エリアが広い	・高利回り物件 ・共同担保や給与収入が有利に働くことも
日本政策 金融公庫	1.2%〜 2.0%	・女性、若者、高齢者に優遇あり ・低金利、融資期間が短い ・自身で交渉の必要あり	・事業計画を重視 ・戸建てなど他で借りにくい物件も可

◎銀行相談の必要書類

🏛 個人の属性がわかる書類

①運転免許証　②健康保険証（健康保険証は勤続年数がわかる）

③源泉徴収票（3年分）　④金融資産の一覧表

🏛 給与以外の収入や他に不動産がある場合

①法人なら決算書、個人なら確定申告書（3期分）

②他に不動産があれば物件の詳細がわかる資料

　※自宅所有の場合も物件概要とローンがわかる資料

🏛 購入希望物件の資料

※物件を取り扱う不動産業者が用意するもので、販売図面、概要書、測量図、公図、謄本、建築図面など

🏛 その他の資料

①経営計画書

自分なりに賃貸事業の取組みについて考えをまとめた書類を作成。内容は、なぜこの事業を始めるのか、事業の目的、自分の強み、経営戦略（購入時だけでなく、保有中の空室対策なども）やリスク管理についてなど、自分が経営者として目的を持ち、しっかりと計画を立てているということを伝える。

②本書特典の「購入判断エクセルシート」等のシミュレーションで出した
オリジナルのシミュレーションなど

---

4 | 銀行から見た物件の価値を意識する

　収益力抜群の優秀な物件なのに、融資が伸びないことがあります。この場合、「担保割れ」が考えられます。「担保割れ」とは、借入金額に対して、物件の担保評価が足りない状況です。多くの銀行は収益評価よりも積算評価を重視します。そのため、融資を受けるには物件の収益力だけでなく、土地と建物の価格の合計から評価する積算評価も意識しておくことがポイントです。

🏠 不動産の評価方法
◎積算法（原価法）

🏠 土地と建物の価値をそれぞれ計算し、合計することで不動産評価額
　を求める方法
① 土地評価額＝相続税路線価×土地の面積×補正率
② 建物評価額＝標準的な建築費×延床面積×(残耐用年数÷
　　　　　　　法定耐用年数)

計算例：

① 土地評価額：$\dfrac{\overset{\text{相続税路線価}}{25万円} \times \overset{\text{土地の面積}}{130㎡} \times \overset{\text{補正率}}{1.0}}{} = 3,250万円$

② 建物評価額：$\dfrac{\overset{\text{標準的な建築費}}{15万円} \times \overset{\text{延床面積}}{200㎡} \times \overset{\text{(残耐用年数÷法廷耐用年数)}}{(22年÷22年)}}{} = 3,000万円$

　→評価額＝①土地評価額＋②建物評価額＝6,250万円

◎収益還元法

- 不動産が将来生み出すであろう収益をベースにして不動産価格を求める方法

    ① 直接収益還元法：不動産価格＝1年間の純収益÷期待利回り

    ② DCF法：将来の複数年度の収益を現在価値に割り引いて合計

    計算例（直接収益還元法）：

    1年間の純収益800万円÷期待利回り8％＝不動産価格1億円

◎取引事例比較法

- 類似した物件の取引事例を集め、それらを比較して不動産価格を求める方法

🏠 新築アパートの担保割れの例
◎前提条件

- 物件価格：1億円
- 表面利回り：8％（満室想定賃料800万円）
- 土地面積：130㎡
- 建物面積：200㎡
- 路線価：25万円

◎大家さんの視点（時価で見ている）

- 物件価格は1億円。自己資金は1,000万円くらいは用意できるので残りの9,000万円は借り入れしたい。
- 物件価格1億円のうち、9,000万円を銀行融資で進めていきたい。

◎銀行の視点（担保評価で見ている）

- 🏢 積算評価によって求めた価格の範囲で融資しよう。
- 🏢 評価額は土地3,250万円＋建物3,000万円＝6,250万円なので、大家さんの希望額9,000万円は融資できない。

※計算内容は65pをご覧ください。

　この場合、担保割れ分を自己資金で賄ったり、他に担保提供できる土地等があったりすればよいのですが、それらの用意が難しい場合は収益評価と積算評価の両面から、自己資金と借入金のバランスを踏まえた投資規模で計画を立てることが現実的と考えます。

5 失敗を避けるためのリスク管理

　オッサムさんは、「失敗しないために「リスク管理」は徹底している」と話していました。不動産経営にはさまざまなリスクが潜んでおり、長期間にわたりこれらのリスクと付き合っていく必要があります。リスクに対処せず放置していると大きな損失につながることもあるため、目を背けず、きちんと向き合うことであらかじめ正しい対策をとっておくことが大切です。

🏢 賃貸経営の代表的なリスクと対策

　正しい対策をとるには、考えられるリスクを書き出し、それぞれに対策を考えておくとよいでしょう。とは言え、すべてのリスクにしっかりお金をかけて対策していると、過剰防衛になりやすく、本来得られるであろうリターンがずいぶんと減ってしまいます。

　そのため、各リスクの発生頻度や損害規模を考え、あえてリスクを保有するという選択もよいと思います。次ページの表では不動産経営における代表的なリスクと対策を示していますので、参考にしてみてください。

◎不動産経営における代表的なリスクと対策

	リスク	対策
入口	予定どおりの建物が建たない、予算の超過	近隣・土地の事前調査、契約内容の確認と事前協議
	建設会社や不動産会社の倒産	与信調査、実績等の確認
	建物の欠陥、引き渡し後のトラブル	施工管理、瑕疵担保責任保険、ホームインスペクションの利用
保有中	空室の増加、賃料の下落	事前の市場調査、賃料査定、空室保証の活用
	家賃滞納	入居審査、滞納保証の付帯（家賃保証会社・管理会社の保証）
	入居者間や近隣とのトラブル	管理会社の対応力の見極め
	建物での自殺や孤独死、事件発生	見守りサービス、家賃収入保険、セキュリティ設備導入
	敷地内の事故と損害賠償（所有者責任）	施設賠償責任保険の加入、事故を予防するメンテナンス
	修繕費・運営費の増加	運営費とビルメンテナンスの事前見積、長期修繕計画
	借入金利の上昇	長期固定金利の利用、金利上昇に耐える収益力、返済比率調整
	地震・台風等の災害	火災保険・地震保険の加入、物件が複数の場合は立地分散
	近隣市場の変化（大学や企業の移転）	購入前のマーケティング調査
出口	売りたい時に売れない（流動性が悪い）	特殊で買い手がつかない物件の取得を避ける
	市場動向による売却価格の騰落	市場の変化の影響を受けない、余裕を持った計画
	建替えがしにくい（立ち退き等）	立ち退きに時間や費用が掛かることを想定した資金及び経営計画

第2章 保有中編

Case3 笠原　一将
Case4 秋山　寛

収益最大化は、収入・支出・リスクのバランスが重要

**保有中の
ポイント**

❶ 空室対策

・バリューアップ
・設備の導入
・キャンペーン実行
・条件見直し

➡ 高稼働を維持し家賃収入を最大化

❷ 入居者対応

・テナントリテンション
　（入居者保持）
・クレーム対応
・近隣対応

➡ 入居者満足を高め解約も防止

❸ メンテナンス

・設備故障と対応
・原状回復工事
・長期修繕計画
・ビルメンテナンス
　（法定点検・清掃・植栽管理等）

➡ 適切な管理とコスト調整

❹ リスク管理

・家賃滞納
・天災
・事故／事件
・金利上昇

➡ 保険加入他、有事の際の対策を

笠原 一将

かさはら・かずまさ●30歳でエンジニアから家業である不動産運用会社に転身し、大家歴17年の2代目社長。リノベーションやコンバージョンなど大胆な手法で所有不動産を再生し、安定経営につなげている。なかでも鷺宮の元社員寮は、専有部のリノベーションと共用部に付加価値を付けることで、ほぼ全部屋空室から短期間で満室になった。取り扱い物件は、学生会館、居住用の一棟マンションやアパート、一戸建て、新築から中古リニューアルの他、太陽光発電など幅広く事業運営している。

Case3

リノベーションで物件の価値を高める2代目社長
笠原　一将氏（48歳）

苦戦していた築古物件を
共用部と専有部の大胆なリノベーションで
付加価値アップして再生

金言1：賃貸運用の悩みは空室対策と滞納。手遅れになる前に早期
に手を打つ

**ー保有物件を先代社長から引き継いだとのことですが、運用にあたっ
て一番ご苦労されたことは何ですか？**

　運用の悩みといえば、空室対策と滞納です。大家になって最初に賃
貸管理の難しさに直面したのが、亀戸にある築40年超の2DK48戸で、
管理人住み込み型のマンションでした。入居者は単身者からファミリーま
で幅広く、最長はなんと入居30年。築年が古いこともあり、空室になると
次が決まりにくく家賃も下落傾向でした。

　48戸もあると人間模様もいろいろで、滞納、ワケアリの人、虚偽の申告
による入居、騒音クレームなどあらゆるトラブルを経験しました。例えば、
滞納に関しては、親身になって相談に乗り、分割払いに応じたため、5か
月以上の延滞に膨れ上がってしまいました。裁判までやってもほとんど返
済してもらえず、最終的には強制退去という結果になってしまったんです。
1か月も払えないのに、2か月、3か月と溜めると、ますます支払いは難しくな
ります。この経験から、いまは他物件も管理委託することで、入金が遅れ
たら毎日でも督促して早期回収してもらっています。おかげで、自社では
苦戦していた滞納案件もスムーズに入金されるようになり、感謝しています。

－滞納は手遅れになる前に早く手を打つ、という教訓ですね。空室対策のほうは、どのようにされていますか？

　この物件の入居30年の部屋が空室になったときは、長期間手を入れていないだけに単純な原状回復工事では済みませんでした。そこで、思い切って大規模リニューアルを実施することにしました。50㎡で2DKの昔ながらの「田の字」型の間取りを、若いカップルや小さな子供のいるファミリーをターゲットにしたウォークインクロゼット付き1LDKに全面変更しました。そして、いったんスケルトンにして、床は根太から、壁、天井、キッチンやバスなど水回り設備もすべて交換しました。

　これまでもリフォーム工事はしていましたが、ここまできちんと手を入れるのは初めての経験です。1室約300万円のコストがかかりましたが、結果的には大成功でした。特に築古物件は空室になった場合、値下げか、リフォームか、空室のままか、早期の判断が必要です。

金言2：築古物件の空室は、家賃を下げずリニューアルで賃料アップを狙う

－特に古い物件の場合、どこまで投資するかの判断が悩ましいですが、どのようにお考えですか？

　この物件の場合、家賃約10万円で空室が埋まらなかったのに、リノベーション後は約12万円に値上げしてもすぐに決まりました。つまり、何も手を打たないと空室で収入ゼロのままですが、工事費を300万円かけても、1年で144万円（12万円×12か月）ですから、2年ちょっとで回収できます。そこで、約2年はただで貸すつもりで、そこから先は収入を生むと考えました。

　同様に、ほかの空室も順次リノベーション工事を進めたところ、築40年超の築古物件でもきちんとお金をかけてリノベーションすることが空室対策になり、賃料アップもできるという成功体験につながりました。購入と賃貸の違いもあるかもしれませんが、「耐震性は大丈夫ですか？」などと聞かれたことは一度もありません。建物も内装も古い場合は別にして、入居

者は内装や設備が新しければ物件の築年数は気にならないようですね。

ー運用を引き継いだ物件に加えて、ご自身が購入された物件はどのような視点で選んでいますか？

　自分の代になって購入したのは、高円寺、鷺宮の各1棟、そして宮古島2棟の合計4棟です。立地や賃貸需要、建物の状態、価格などから直感的にいいと思ったものを、自分なりのシミュレーションを行い、ストレスチェックをかけて慎重に決断します。社長なので止める人もいないため、家賃収入などは、かなり厳しめに設定した自作のエクセルシートを使用しています。

　最初の購入物件は、元音楽専門学校だった高円寺のビルです。駅から2〜3分と立地も良く、運よく値上がり前のタイミングでした。ここは立地の良さを生かして少し運用してから、地下1階地上5階のビルに建て替えました。高さ制限の関係で、容積率をフルに使うために地下も利用することになりました。地下を作る場合、建築費が割高になるのに賃料は下がります。そこで、高円寺駅近の商業地という土地柄から、地下はライブハウスにして運用しています。

　次に購入したのは鷺宮の33戸ある中古物件で、付加価値を付けたリノベーションをして運用しています。宮古島の2棟は新築です。これはこれから伸びるエリアへの期待感で決めました。購入する場合は特に物件タイプやエリアを固定せず、市況や税制などのタイミングを見ての総合判断となります。特に税制面は時代ごとに変化するので注視しており、それにあわせて太陽光発電や省エネリフォームなども導入しました。

金言3：空室対策の王道はリニューアル。ポイントを絞って投資効率も追求

ー鷺宮の物件は大胆に運用変更されたと伺っています。その経緯と人気の秘訣を教えてください。

　鷺宮を購入したのは平成25年12月です。元は企業の社員寮だったものが、そのまま女子学生専用マンションとして運用されていました。立地も建物のつくりも良いと判断して購入したのですが、困ったのが稼働率の低さ。全33戸中稼働していたのは11戸です。しかも、来春卒業見込みが8戸ということは、実質、稼働していたのはたった3戸です。全空室同然のかなり厳しい運用状況でしたが、それでも駅から近く、住みやすい環境で建物もしっかりしていたこともあり、あとは空室を埋めればいい、とリノベーションをすることに決めました。

アクセントクロスと照明機器が印象的なカームステージ鷺宮のリフォーム前とリフォーム後①

姿見を付けフロアスタイルで今風に。カームステージ鷺宮のリフォーム前とリフォーム後②

　購入後、まずは学生縛りをなくして女性限定マンションに運用変更しました。専有部分のリフォームとともに、1階に新たに入居者向けの共用ラウンジをつくりました。ここは元々使われていない物置のような空間で、居室を2戸分増やすこともできる広さでした。しかし当時シェアハウスが流行していたこともあり、入居者が個室にこもるだけでなくコミュニケーションの場になればよいと考え、共用キッチンや無線LANの設備も導入。インテリアも明るく、女性好みの広々した空間にしました。

ーどこまで手を入れるかの投資判断はどのようにされるのですか？

　この物件の場合は亀戸のフルリフォームとは違い、まだ使える設備もあったので、費用対効果を考慮して工事のポイントを絞りました。コストがかかる水回り設備は交換せず、バス・トイレも3点ユニット（バス・トイレ・

洗面台が一緒）そのままに、少ないコストでいかに入居者に満足してもらうかを考えました。その分、室内の床や壁は一新し、スポットライト、室内物干し設置、アクセントクロスなど、インテリアコーディネーターにプランニングしてもらって女性ニーズを取り入れてリフォームしました。元々社員寮だったこともあり、防犯カメラやオートロックは付いていたので、その分は助かりました。その結果、当初6.1万円だった部屋がリフォーム後の募集家賃を6.6万円まで、賃料アップにも成功し、年間稼働率も97.7％と好調です。

金言４：規模感を活かして共用部分も含めた建物のバリューアップで差別化

－総戸数が多い物件は、共用部への投資もしやすくなるのですね。

　例えば、共用部の設備を変える場合は、戸数が多ければ1戸換算のコストが安くなりますからスケールメリットがありますよね。セキュリティ面ですが、女子学生会館や女性専用マンションを扱っていることもあるので、オートロックと防犯カメラは必須設備と考えています。オートロックがあることで2,000円の賃料アップが可能という調査もあり、戸数が多いと当然、その分共用設備の投資はしやすくなります。オートロックはエントランス部分のほか、各戸の室内工事も必要で手間もかかり、後付けは大変です。それでも必須なものなので、1棟33戸の国分寺のマンションでは500万円位を投資して後付けしました。

　国分寺駅で運営している2棟の女子学生会館の比較例をお話ししましょう。本館は駅前の好立地ながら古く、新館は駅から少し距離はありますが、新しい分見栄えがするため学生には新館が人気です。2棟で合計200戸中、毎年100室が入れ替わり、新館のほうから先に埋まっていました。ある年、ついに本館が満室にならなかったことから、本館内の空室に10室ずつ移ってもらいながら順に工事し、1年かけて全館専有部を一新しました。すると、翌年からは本館から先に満室になるように変化したんです。

　本館の地下に長年入っていた美容室が撤退した際は、次のテナント探しに苦戦することが予想されたこともあり、ターゲットとなる高校3年生の女子学生が楽しい新生活をイメージできるような共用ラウンジ（自習室）とエクササイズルームにコンバージョン（用途変更）することに決めました。テナント家賃の収入を得るより、合計200戸の学生会館に、付加価値をつけて満室になるほうが大切だと考えたのです。専有部が狭い分、共用空間がキャッチーで魅力的になるよう、椅子やテーブルの色などデザイン面にもこだわりました。さらにエントランスと廊下もリニューアルしました。これらの努力の結果、全室満室になり、なかには新館から本館に移る学生もいたほどです。このように、規模が大きいことで共用部への投資効率が上がるのは確かです。

ー大変わかりやすい事例ですね。貴重でリアルな体験談、ありがとうございました。

　保有中に最も重要なことは空室対策です。ここでは、さまざまな工夫を
して物件を再生させ、切り抜けた笠原さんに関連したポイントを説明して
いきます。

1　リニューアル工事で物件再生した事例

　笠原さんは中古物件を購入し、リニューアル工事をすることで物件再生
に成功しました。2013年に購入し、再生した鷺宮のマンションの事例を詳
しく見ていきましょう。

鷺宮のマンション購入時の状況

　笠原さんが購入した時は、33戸中11戸が入居中で、空室が22戸でし
た。入居中11戸の平均賃料は6.7万円と相場と比べても決して悪くない
数字でしたが、それは以前から住んでいる入居者の賃料（過去の賃料）
であり、この状態で成約できる賃料（現在の賃料）に引き直すと6万円程
度になると考えられます。また、女性専用マンションにもかかわらず、女性
ウケが悪そうな内装だったため、このままでは空室がなかなか埋まらない
だろうと考え、リニューアル工事を検討することにしました。

リニューアル工事で物件再生

　購入当時の室内の状況は76p〜77pのビフォー写真をご覧ください。リ
フォームは完了しているものの、魅力的とは言えないものでした。
　ここで、考えられるリフォームは次の2通りです。リフォームAは水回り設
備の交換を含むいわゆるフルリニューアル。リフォームBは水回り設備は交
換せず既存のものを利用し、壁紙や床材などを張り替えることでイメージ
チェンジする簡易リニューアルです。
　昔ながらの3点ユニットバスやミニキッチンは今では不人気ですが、かと

いってこれら水回り設備まですべて交換すると工事費が跳ね上がります。ちなみに、幸い既存の設備の状態は悪くなかったため、当面は問題なく利用できそうです。

◎リフォームA：工事費100万円

壁紙張替え　床フロアタイル　照明設置　ユニットバス交換　キッチン交換

◎リフォームB：工事費30万円

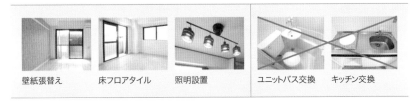

壁紙張替え　床フロアタイル　照明設置　ユニットバス交換　キッチン交換

それぞれのタイプを賃料査定したところ、次のようになりました。

① 現在のまま何もしない場合　：6万円
② リフォームAを実施した場合：7万円
③ リフォームBを実施した場合：6.5万円

さらに、このリニューアル工事の費用対効果をまとめると以下のようになりました。

🏢 リフォームA（100万円をかけて、家賃を1万円上げる投資）

①資本回収期間：100万円を月1万円（年12万円）で回収
費用100万円÷効果12万円＝8.3年間

②投資利回り
効果12万円÷費用100万円＝12％

🏠 リフォームB（30万円をかけて、家賃を5,000円上げる投資）

　①資本回収期間：30万円を月5,000円（年6万円）で回収
　　費用30万円÷効果6万円＝5年間

　②投資利回り：効果6万円÷費用30万円＝20%

　結論としてAよりもBのほうがパフォーマンスが良いことがわかり、Bを実施しました。

🏠 リニューアル工事の結果

　リフォームBを空室22戸に実施した結果、平均賃料は当初査定の6.5万円を維持しつつ早期に満室となりました（平均稼働率は97.0%）。また、狙いどおり、ターゲット層である若い女性が内見した際のお部屋の評判も良く、リニューアルは大成功となりました。結果として月間で130万円、賃料収入が上がりました。

◎稼働率

〈購入当初36.4%〉

空	空	空	空	空	空	空	空	空	空	空
空	空	空	空	空	空	空	空	空	空	空
○	○	○	○	○	○	○	○	○	○	○

〈リニューアル後97.0%〉

○	○	○	○	○	○	○	○	○	○	空
○	○	○	○	○	○	○	○	○	○	○
○	○	○	○	○	○	○	○	○	○	○

◎平均賃料

既存入居者6.7万円 → 新規入居者6.0万円 → リニューアル後：新規入居者 6.5万円

◎賃料収入

130万円の差

月間80万円　　月間210万円

購入当初　　リフォーム実施後

2 空室対策の分類と選択

　このように、物件運営がスタートし、最初にぶつかる壁は「空室対策」です。空室対策にはリニューアルだけでなく、さまざまな手法があります。それらを大まかに分類すると表のようになります。その物件にとって、どの空室対策が効果的なのかは、物件のタイプ、入居者ターゲット、募集する時期などによっても異なり、それらを総合的に判断して空室対策を行い、満室を目指します。また、空室対策は同時に複数を行うことができますので、いくつもの戦略を組み合わせて行うとより大きな効果が期待できます。

◎空室対策の種類

	種別	メリット	デメリット	利用シーン
1	大規模な リニューアル工事 例：フルリニューアル	物件の価値を大きく改善できる 効果が持続する。	費用がたくさんかかる。	長期的かつ大きな効果を期待する。賃料を大幅に引き上げたい。
2	小規模な リニューアル工事 例：人気設備導入	物件の価値をやや改善できる。効果が持続する。	費用がある程度かかる。	効果の継続に期待。賃料を維持またはやや上昇させたい。
3	キャンペーンによる 入居促進 例：春の学生向け○○	スピーディに取り組める。	効果が一度きりで、募集のたびに費用がかかる。	即効性を期待する。繁忙期の募集で、募集期間に余裕がない。
4	賃料以外の条件改定で 入居促進 例：ペット飼育可	お金がかからない。条件によっては賃料も上げられる。効果が持続する。	トラブルに注意。内容次第で、住環境が悪化したり、既存入居者から苦情が出る場合がある。	お金をかけずに満室にしたい。お金をかけずに賃料を上げたい。
5	賃料を下げる	少なくとも、空室が埋まる。	収入が減る。	そもそも空室対策とは言えないが、他にやれることがない場合の選択。
6	その他の戦略 例：モデルルーム、 DIY賃貸	多種多様なバリエーションがある。立地や物件の特性を生かし、特定のターゲットに強く訴求。	手間がかかる場合が多い。外すとまったく効果が出ない。困った入居者を掴むことも。	物件の特性を上手に引き出せるかによる。

🏠 物件タイプによる違い

　例えば、築年数が同じ（例えば築30年）木造アパートとRCマンションがあります。この先何年間、この建物を維持するのかを考えます。木造であれば残り10年とか15年、RCであれば残り30年以上と考えたとしましょう。フルリノベーションで投資したお金を回収する期間を考えると、先が長いRCのほうが優位です。水回り設備は一度交換すればその先約20年〜30年は使えそうですので、木造で残り10年ですとちょっと効率が悪いかもしれません。とはいえ、木造でも状態が良く、好立地で築年数が古くても入居付けができる場合はフルリノベーションがよいかもしれませんし、RCだからといって必ずフルリノベーションしたほうがよいとも限らず、その辺りは物件の個々の状況を踏まえて判断することになります。

🏠 ターゲットによる違い

　当たり前の話ですが、提供する物件やサービスは住んでいただく入居者のニーズに合わせて、変える必要があります。高い賃料を支払う客層には値引きするよりも入居者の高い要求を満たす設備・仕様が必要ですし、逆に賃料が低い物件にオーバースペックな設備を導入してもあまり効果はありません。それよりも引っ越しにかかる初期費用を抑えるキャンペーンや敷金礼金等の条件を引き下げたほうが喜ばれます。入居者の要求度と物件のスペックのバランスが大切です。

🏠 募集時期による違い

- 🏠 繁忙期（1月〜3月）スピード重視のため即効性の高いキャンペーン
- 🏠 閑散期（6月〜8月）リノベーションなど時間がかかる戦略も選択可

　入居者を募集する時期も重要です。一般的に退去日の1か月前には入居者から解約予告の連絡があります。例えば、1月末に解約連絡を受け、2月末に退去するお部屋を入居者募集する場合、次の入居者募集活動は退去日（2月末）よりも先行し、解約予告（1月末）後すぐに募集条件を設定して広告掲載を行いますので、2月頭に募集活動がスタートします。

1月から3月は春の新生活に向け引っ越しが多い繁忙期で、彼らは遅くても3月中旬までには引っ越しを済ませないといけません。このタイミングでは工事に時間のかかるフルリノベーションは不向きです。工事が完了したら繁忙期が過ぎ去っていたというのではもったいないですね。したがって、繁忙期はスピード重視の戦略が向いていると言えます。

3 | リニューアルの参考にしたいランキング調査

　リニューアルの費用対効果を高めるためには、入居者に人気のある部分に焦点を当てることが重要です。その参考となるのが、下記の2社によるランキングです。ぜひ、参考にしてみてください。

◎人気設備ランキング（全国賃貸住宅新聞社）
　賃貸業界で最も有名な指標は、全国賃貸住宅新聞社が毎年10月に発表する「人気設備ランキング」です。これは全46種から人気の設備を不動産賃貸会社約400社に選んでもらいランキングにしたものです。「この設備があれば周辺相場よりも家賃が高く決まる」（人気設備）と「この設備がなければ決まらない」（必須設備）を単身・ファミリーごとに集計しています。

◎賃貸契約者動向調査（首都圏）（株式会社リクルート）
　（株）リクルートによる「賃貸契約者動向調査（首都圏）」です。全国賃貸住宅新聞社の人気設備ランキングは「不動産賃貸会社（業者）の声」を集計していますが、こちらは、実際に賃貸物件に住んでいる入居者にアンケート調査をした「入居者の声」であることが特徴です。
　ご参考までに次のページに「2019年度賃貸契約者動向調査（首都圏）」を掲載いたします。

◎設備に対する満足度（各設備が設置されているもの／単一回答）

※各設備の利用者数はAppendix参照
※各項目について「満足している」「やや満足している」「やや不満」「不満」のいずれかを選択する形式で調査
※図表のスコアは、「満足している」と回答した人の比率
※「19年度 全体」のスコア降順にてソート

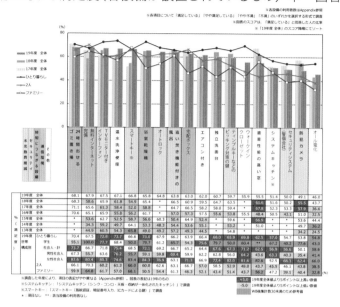

凡例：■ 19年度 全体／■ 18年度 全体／■ 17年度 全体／—●— ひとり暮らし／—▲— 2人／—✕— ファミリー

その他／通信環境／セキュリティ設備／時短につながる設備／水光熱費削減

		ゴミ置き場	24時間出せるゴミ置き場	無料インターネット・光ファイバー	TVモニター付きインターフォン	温水洗浄便座	スマートキー※	浴室暖房機	オートロック	追い焚き機能付きの風呂	宅配ボックス	エアコン付き	独立洗面台	ウォークインクローゼット	ディンプルキーなどのピッキング対策の鍵	遮音性能の高い窓	システムキッチン※	セキュリティシステム	防犯カメラ	オール電化
	19年度 全体	68.1	67.9	67.5	67.1	66.8	65.8	64.8	63.8	63.0	62.0	60.7	59.7	55.9	55.5	51.4	50.0	49.1	46.0	
	18年度 全体	68.3	58.6	65.9	61.8	54.9	65.4	*	66.5	60.9	59.5	64.7	63.5	*	63.6	51.6	50.2	55.5	43.7	
	17年度 全体	71.1	65.6	65.3	58.4	52.0	58.8	*	64.7	66.5	58.2	58.0	59.4	*	67.8	52.3	53.3	57.9	36.6	
	16年度 全体	70.6	63.1	65.9	55.6	56.2	61.7	*	57.0	57.3	57.5	55.6	53.8	55.5	48.4	50.5	43.1	51.0	32.5	
	15年度 全体	*	53.6	62.7	52.5	58.7	56.6	60.3	54.4	64.9	*	59.6	*	66.9	*	*	53.6	44.4		
	14年度 全体	*	34.3	59.2	49.7	64.1	53.3	48.3	54.4	53.6	55.1	*	53.2	*	51.0	*	*	49.7	36.2	
	13年度 全体	*	44.9	60.4	55.8	65.8	49.0	49.2	52.6	*	*	*	*	*	*	*	*	34.2	24.5	
19年度 世帯構成別	ひとり暮らし	70.4	64.7	68.1	65.6	62.8	67.9	66.2	73.0	67.9	66.4	68.0	63.9	66.4	68.0	62.5	57.0	54.8		
	学生	55.1	100.0	71.7	77.7	68.4	50.0	79.7	61.2	65.7	54.3	75.6	79.7	50.0	60.4	**	67.2	40.3	77.6	43.0
	社会人・計	73.7	66.2	71.8	75.4	68.5	72.1	*	64.7	66.8	67.4	67.6	66.0	67.1	62.5	56.3	46.3	50.1	58.6	
	男性社会人	67.3	55.7	63.6	76.2	55.7	59.1	59.8	69.4	59.9	62.2	62.8	56.0	64.2	43.6	63.3	40.3	35.4	41.4	
	女性社会人	82.6	60.4	61.9	74.6	81.4	84.3	76.9	63.1	71.3	66.9	72.4	82.4	67.0	81.6	82.6	52.5	58.1	66.0	
	2人	60.4	62.6	63.1	62.2	60.2	63.1	66.7	73.7	58.5	57.0	58.1	52.9	48.0	57.3	45.5	45.1	47.8	38.5	
	ファミリー	59.9	64.8	61.7	57.0	66.1	50.5	54.4	61.3	60.2	57.0	55.6	48.3	43.7	56.2	47.7	39.1	40.4	22.8	

※調査した年度により、項目の表記がやや異なる（Appendix参照）、図表の表記は19年度のもの
※システムキッチン：「システムキッチン（シンク・コンロ・天板・収納が一体化されたキッチン）」で調査
※スマートキー：「スマートキー（指紋認証、暗証番号入力、ICカードによる鍵）」で調査
※ 項目なし、 ** 該当設備の利用者なし
+5.0 19年度全体値より5ポイント以上高い数値
-5.0 19年度全体値より5ポイント以上低い数値
（網掛け）WB後集計数30未満のため参考値

◎次に引っ越す際に欲しい設備（複数回答）

※前回調査までの回答のスコアは「次に引っ越すときは（も）絶対欲しい」と回答した人の比率
※今回調査からは「次に引越す時は（も）絶対欲しい」と思われる設備を、上記設備の中に「次に引っ越すときは（も）絶対欲しいものはない」を含む19の選択肢から回答する形式としており、前回調査結果との単純比較はできず参考値
※「19年度 全体」のスコア降順にてソート

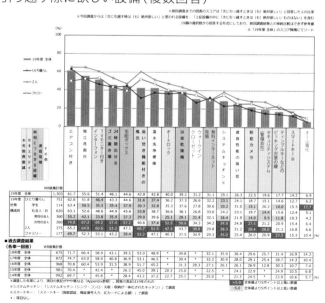

凡例：■ 19年度 全体／—●— ひとり暮らし／—▲— 2人／—✕— ファミリー

その他／通信環境／セキュリティ設備／時短につながる設備／水光熱費削減

		WB後集計数	エアコン付き	独立洗面台	無料インターネット・光ファイバー	TVモニター付きインターフォン	24時間出せるゴミ置き場	宅配ボックス	追い焚き機能付きの風呂	温水洗浄便座	オートロック	浴室暖房機	ウォークインクローゼット	無料インターネット完備	システムキッチン※	遮音性能の高い窓	防犯カメラ	ディンプルキーなどのピッキング対策の鍵	セキュリティシステム	スマートキー※	オール電化
	19年度 全体	1,303	61.7	55.6	51.4	46.1	44.6	42.8	42.8	40.0	39.2	31.2	31.1	29.1	26.3	22.5	19.6	17.7	14.2	6.9	
19年度 世帯構成別	ひとり暮らし	751	62.8	51.8	86.4	44.6	43.3	37.9	40.3	36.2	23.1	24.1	18.7	15.1	14.6	15.1	15.1	20.2	10.0	15.3	12.7
	学生	114	63.4	50.5	35.5	35.4	44.6	37.9	20.3	32.5	28.7	36.6	36.6	38.1	*	19.7	23.8	58.1	5.0	5.1	
	社会人・計	620	63.1	52.0	68.0	44.9	45.9	38.7	36.6	38.1	26.8	27.8	30.6	20.2	31.0	15.1	20.2	10.0	15.3	12.7	
	男性社会人	360	55.2	42.1	55.9	39.2	41.4	37.9	25.9	21.4	32.1	16.4	21.9	14.0	9.5	11.8	10.3	4.2	6.4		
	女性社会人	260	74.0	67.2	69.2	57.4	57.2	40.6	37.4	52.5	50.6	34.3	34.2	34.9	24.8	27.5	21.2	20.9	15.4	6.4	
	2人	375	65.2	61.9	60.6	43.2	48.0	53.8	47.5	43.7	38.9	29.4	31.3	28.4	28.0	21.2	20.9	15.4	6.4		
	ファミリー	177	49.7	52.3	53.1	43.2	39.4	52.2	47.1	40.3	37.1	39.4	29.3	35.0	25.4	26.0	20.9	23.5	15.3	10.4	

■過去調査結果
（各単一回答）

		WB後集計数																			
	19年度 全体	675	71.7	66.4	58.9	43.1	39.5	53.0	48.9	*	39.8	*	32.1	35.9	30.4	29.6	25.7	31.4	16.9	14.3	
	17年度 全体	872	74.7	63.0	58.0	40.8	36.9	53.1	46.5	*	39.4	*	32.2	36.9	28.0	29.1	25.4	28.7	13.1	10.4	
	16年度 全体	968	70.8	60.4	53.9	31.5	38.9	51.7	45.2	*	31.3	28.3	27.1	26.1	26.1	32.9	12.8	30.3	10.7	7.4	
	15年度 全体	981	70.4	*	42.4	*	26.3	45.0	39.2	25.3	*	22.5	*	24.1	22.9	*	24.9	10.5	5.1		
	14年度 全体	992	69.7	*	42.8	*	28.4	43.2	37.2	22.7	25.1	*	25.0	*	21.3	24.5	*	23.9	10.6	5.7	

※調査した年度により、項目の表記がやや異なる（Appendix参照）、図表の表記は19年度のもの
※システムキッチン：「システムキッチン（シンク・コンロ・天板・収納が一体化されたキッチン）」で調査
※スマートキー：「スマートキー（指紋認証、暗証番号入力、ICカードによる鍵）」で調査
※ 項目なし
+5.0 全体値より5ポイント以上高い数値
-5.0 全体値より5ポイント以上低い数値

出典：（株）リクルート「2019年度 賃貸契約者動向調査」

4 リニューアル・設備導入工事の大まかな費用の目安

　ここまでで空室対策の代表的な手法や、どのような設備が空室対策に有効かがわかりました。次に、かなり大まかですが、リニューアル工事の項目別の費用を記載します。実際の費用は物件ごとの状況に応じて変わりますのであくまでご参考程度としてください。

◎専有部

	内容	費用の目安
大規模	フルリニューアル（間取り変更や水回り設備一斉交換を含む）	1㎡あたり7万円程度 例：2LDK50㎡で350万円程度
小規模	簡易リニューアル（設備交換はせず、壁紙や床、照明器具など表面的なもの）	1㎡あたり1.5万円程度 例：1K20㎡で30万円程度
	浴室乾燥機設置、独立洗面化粧台の交換	10万円程度
	追い炊き機能追加（給湯器と浴槽の工事）	30万円〜40万円程度
	TVモニター付きインターホン設置	3万円〜4万円程度
	洗浄機能付き便座設置	3万円〜4万円程度

◎共用部

	内容	目安
大規模	大規模修繕工事（足場架設、外壁屋根塗装）（周期：10〜15年）	建築費の0.5〜1.0％×周期年数
小規模	オートロック設備とそれに伴う外構工事	300万円〜500万円
	宅配ボックス設置（電気不要の製品）	4個口：20万円程度
	ゴミストッカー設置（容量400L程度）	1台：30万円程度
	高速インターネット導入（1棟に導入）	イニシャル：30万円〜40万円 ランニング：月々1万円〜1.5万円

※物件それぞれの状況により金額は変わりますのでご注意ください。

秋山　寛

あきやま・ひろし●収益不動産の買取り再販会社で仕入れマンとして働きながら、大家さんとして資産管理会社の代表も務めるバイヤー大家さん。2011年、腰椎間板ヘルニアで動けなくなったことがきっかけで、働き方を変えるべく大家デビューを果たす。現在、東京・神奈川・千葉・埼玉の1都3県にアパート13棟97戸を所有し、満室家賃収入7,400万円／年を実現している。

Case4

バランスシートとキャッシュフローの
両面を意識して買い進むバイヤー大家さん
秋山　寛氏（45歳）

築古アパートを安く買い、資産規模を拡大するには
古くても人気となるテナントリテンションをして
入居者満足度アップで退去を未然に防ぐこと

金言1：投資すると決めたら、即行動。できるだけ早く、まずは小さくスタートする

ー大家になられたきっかけを教えてください。

　不動産ポータルサイト運営会社勤務の2011年に、腰椎間板ヘルニアになったことがきっかけです。それまでの人生において仕事に全力を注いできましたが、ヘルニアでまったく動くことができず仕事を休んでいた時期に、「会社には自分の代わりはいくらでもいるが、妻や子供にとって自分の代わりはいない。これからの人生は会社のためでなく、家族と自分のために生きよう」と決意しました。『金持ち父さん　貧乏父さん』（ロバート・キヨサキ著／筑摩書房）を読んでいたので、漠然といつかは大家にと思っていましたが、「いつかではなく、いま!」と決意。会社員として働きつつ、大家として踏み出すべく行動を開始しました。

ー最初に購入されたのはどんな物件ですか？ また、振り返って、そこで得たものは何でしょうか？

　大家になると決めたものの、当時は何の知識もありませんでした。何を買うべきか分からず、手当たり次第に区分マンション、地方の1棟RCマンション、築古アパート、戸建て、など迷走。数え切れないほどの物件を見ま

したが、結局融資が下りず、効率は最悪でした。そして、迷走し続けて迎えた2012年4月、たまたま競売を通じて知り合った不動産会社に紹介された千葉県茂原市の戸建てを購入し、ようやく、大家デビューとなりました。

特に気に入ったとか収支計算をしたわけでもなく、ただ単に無知で、勢いで「買う」と言ってしまったのが購入の理由です。大家になろうと決めてやみくもに物件探しを始めてからすでに1年が経ち、焦り（買いたい病）もありました。昭和50年築、家賃5.3万円で利回り約15%、物件価格300万円、リフォーム代と諸経費を合わせて約400万円を現金で買ってのスタートでした。

購入して早々に雨漏り、河川氾濫による床下浸水、家賃滞納など次々にトラブルが発生しました。遠距離だったこともあり、購入から2年後の2014年には売却し、家賃収入を含めたトータル収支は15万円のマイナスでした。それでも、度重なるトラブル対応など、大家を経験しないとわからない貴重な体験ができたことは、大きな収穫でした。さらに、うれしいことにこの古い戸建ての賃貸業実績が評価されたことが、2棟目となるアパートの融資につながるという、思わぬ副産物もありました。

その後も知識・経験がない状態で購入して、成功とは言えない物件を

1棟目の外観写真と間取り

手にしたこともありました。しかし、物件の規模が小さかったことが幸いして、大きな痛手も負わずに済んでいます。アパート経営はトラブルの連続で、想像さえしなかったことが次々に起こるものです。いきなり大きい物件からスタートして、大トラブルが起きてしまうとリカバリーが大変ですし、精神的にもキツイと思います。不動産投資は時間を味方に付ける必要があるため、最初は小さい物件でもよいので、できるだけ若いうちに、早くからスタートすることをおすすめします。

金言２：「融資ありき」だから、積算評価とキャッシュフローを重視して銀行が評価する物件を狙う

ー最初の戸建てを除いてすべて銀行融資ですよね。融資を引き出すための交渉術やコツなどがあれば教えてください。

　私のように、自己資金が少ない状態から資産を拡大するためには、銀行融資が必須です。いくら自分が良いと思った物件でも、融資がおりないことにはスタートできません。そのため、銀行が好む、融資を受けやすい物件を持ち込むことが重要です。

　その際、キャッシュフローはもちろん、私が最も気を付けているのはバランスシートです。債務超過の状態になっていると、融資はしてもらえませんので、借入れの際は積算評価を常に気にしています。銀行が好む物件は、キャッシュフローが良く、積算評価が高いもの。最初に買う物件が高利回りでも積算評価が低い物件では、バランスシートを崩してしまい、その後の融資が通らなくなりがちです。融資ありきで買い増ししていくつもりの方は、キャッシュフローだけではなく、積算評価も気を付けたほうがよいと思います。

金言３：「空室を作らない」ことこそ最大の空室対策、テナントリテンションのため飲み会を実施

ー賃貸経営共通の悩みは「空室」ですが、先手を打つ「空室を作らない」戦略があるとか？

　解約があると、築年数が古いため原状回復工事が多額になります。さらに、郊外物件は空室期間も長くなりがちです。そうなると、空室損失も発生し、早く空室を埋めるために賃貸仲介業者に支払う広告費もかなりの金額になります。解約が発生して、いいことはなにひとつありません。借入金の返済は待ったなしですし、資金面の余力もなかったため、なるべくお金をかけずに解約を減らそうと試行錯誤しました。入居者を集めて飲み会を始めたのも、まさにそんな苦肉の策でした。

　飲み会の目的は、テナントリテンション（入居者保持）以外にも、私の大家としての思いを伝えることもあります。「新米大家なので入居者の皆さんと率直に語りたい」「震災など万が一の時に入居者間で助け合えるコミュニティづくりをしたい」「物件の不具合や要望を確認したい」ということを、全物件共通してお話ししています。

ー飲み会はどんな話題と雰囲気なのでしょうか。そしてその効果は？

　最初に導入したアパートの例では、初顔合わせこそぎこちなかったものの次第に話は弾み、それがきっかけで入居者間のコミュニケーションが活性化していきました。2019年の台風時には、河川氾濫が心配で1階入居者に電話連絡したところ、すでに3階の入居者宅に皆集まって飲んでいました。さすがに驚きましたが、「万が一の時、助け合える関係に」という思惑どおりになり、嬉しかったですね。自然災害も毎年増加しているので、大家としては心強い限りです。

　入居者が物件に空室が出たことを知り、「知人を入居させたい」と私に直接連絡をしてくれたこともあります。テナントリテンションにつながるのであれば、物件近くの居酒屋で飲み会を開催するくらいの経費は安いもの。これまでは飲み会は管理会社の担当者にも声をかけて、物件ごとに1

年に1回行っていました。残念ながら、コロナ禍の現在は飲み会も開催できませんが……。

金言４：入居者リクエストに応じ積極的に設備投資、解約のきっかけになる更新料は無料に

ー「物件に対する要望」では、どんなリクエストが出るのか気になりますね。
　ボロ物件ばかりなので、当初は「フローリング張り替え」「システムキッチン入れ替え」など、お金がかかる要望を出されたらどうしようと、ドキドキして臨みました。しかし、現実には「水栓をシングルレバーにしたい」「カーテ

リフォームでは、テレビモニター付きインターホン（上）やフローリング（下）などの人気設備を取り入れた

ンレールが外れたので直してほしい」など本当にささいな事で、逆にびっくりしたくらいです。

　「エアコンや洗面台が古くなったから引っ越しを検討中」と言われた時は、すぐ交換。その甲斐あって、引っ越しを思い留まってもらいました。ある飲み会では、一世帯だけ追い炊き機能がないことが発覚してすぐに直したこともありました。別物件では、ごみ集積場のネットをカラスが荒らすので困っているという問題を聞き、後日ごみストッカーを設置して解決しました。

生かせる設備はそのまま生かし、リクエストに応じて設備を見直す

　古くなった設備は、退去したらリフォーム工事をして交換することになります。それなら入居者がいる間に実施して、喜んでもらって長く住んでも

らったほうがいいと思うのです。空室になってからの入居者探しをする広告費は資産として積み上がらないけれど、設備投資は資産です。そのため、入居者の設備リクエストには、積極的に応じます。

　入居者から「オーナーが秋山さんに代わってから定期清掃の回数が減った」と不満をぶつけられたこともありましたが、飲み会が終わる頃には仲良くなり、「皆で掃除すればよいか」と笑顔で言ってくれました。たいていの悩みや不満は話せば分かることですし、面と向かってとんでもない要求をする人はいませんね。

－秋山さんは更新料も無料にされているそうですね。その狙いを教えてください。

　「更新料があるので、更新前に引っ越しを検討する」と、入居者はよく言っています。大家にとって更新料収入というのは、物件を購入する際に計算する「利回り○％」という事業計画に入れない、いわばボーナスのようなものです。これが解約のきっかけになるなら、更新料を無くすことで解約を減らそうという考えです。

　新たに中古物件を購入した時は、入居者にオーナーチェンジの知らせと同時に「更新料を無料にします」と伝えます。あると思っていた更新料がなくなるわけですから、入居者は皆オーナーチェンジを喜んでくれます。入居者と接点を持ち、積極的にリクエストに応えていくことで、解約が減って不動産経営は成功すると思います。

－入居者とのWin-Winの関係が人気の秘訣なのですね。最後に、今後の展望をお聞かせください。

　今後も物件を買い増して、資産規模を拡大しようと考えています。そうすると、私の場合は銀行融資を積極的に活用したいので、高利回り&高積算重視のやや郊外寄りの古い中古アパートが購入物件になります。しかし、好き好んで郊外の古いアパートを買っているわけではなく、融資ありきで資産形成するために必要な戦略です。今後は資産規模とキャッシュを拡大しながら、徐々に都心寄りのピカピカの物件に10年・20年という長

い時間をかけて組み換えていくつもりです。

　資産形成には、自分の段階に合ったやり方があると思います。大家になりたいと考えている人はたくさんいますが、実際に物件を購入する人は例えば100人中10人で、さらに継続するのは100人に1人ではないでしょうか。「やるやる」と言ってやらない人は多く、やり続ける人も少ないので、自分だけはやり続けていれば、必ず勝てると信じています。

Case4 Analysis Report

　Case3では、保有中で最も重要なことは空室対策と述べました。そもそも空室は入居者が解約することによって発生します。つまり、解約を抑止すれば（以下テナントリテンションと呼ぶ）空室を防ぐことができます。テナントリテンションとは、入居者に長く居住してもらうための施策のことです。これは、物件保有中においては空室対策と同様、とても重要なことです。

1 解約を防ぐテナントリテンション

　秋山さんは、入居者さんと積極的にコミュニケーションをとり、古い住宅設備を交換し、更新料を無料にするなどテナントリテンションに力を注いでいました。秋山さんの話の中で「入居者飲み会」をしている物件が紹介されましたが、その物件では実際に解約が少なく、計算したところ年間解約率はなんと11%。一般的に、賃貸物件における解約率は年20%〜25%程度ですので、解約率が半分になっていることになります。

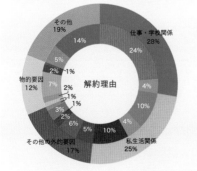

■転勤・転職・退職　■卒業・校舎移動
■実家に戻る・家族と同居　■自宅購入
■結婚・同棲　■広い物件へ
■利便性を求め　■近隣や環境の問題
■家賃滞納　■不要になった
■期間満了　■更新のタイミング
■安い物件へ　■気分転換
■物件の問題　■管理会社の問題
■不明　■その他

解約理由

その他 19%　14%　5%　2%　1%
仕事・学校関係 28%　24%　4%　10%
物的要因 12%　7%　2%　1%　1%　3%　2%　6%　5%　10%
その他の外的要因 17%
私生活関係 25%

🔘 解約理由からみたテナントリテンションの有効性

　ところで、テナントリテンションの効果は「解約減少」ですが、どれほど解約を抑えることが期待できるのでしょうか。これを検証するために、まずは解約理由を分析する必要があります。アートアベニューでは毎年約1,500件の解約があります。その解約理由をまとめたものが左のグラフです。

グラフによりますと、解約理由の半数が「仕事・学校関係（28%）」と「私生活関係（25%）」という「コントロールできない」理由です。一方、「コントロールができる」解約理由は「物的要因（12%）」と「その他（19%）」の一部が該当すると考えられます。

　「コントロールできない」理由による解約を防ぐことは難しいですが、「コントロールできる」理由による解約を防ぐことはできそうです。そこで、重要となってくるのがテナントリテンションなのです。それによって解約理由のすべてを防ぐことはできないかもしれませんが、その解約防止効果は「解約率を1割から最大で2割下げる可能性を持っている」と考えられます。

🏢 **テナントリテンションの効果はどのくらいか**

　解約率を2割下げることができれば、年間解約率が20%の物件だと、解約率を16%に抑制できます。以下は、①テナントリテンションをしなかった場合の解約率が20%である物件と、②その物件にテナントリテンションを行い、解約率を16%に抑制できた場合のシミュレーションです。

◎築古アパート、解約率20%の場合と16%の場合との収支の比較

〈前提条件〉
- 🏢 平均賃料8万円、総戸数10戸のアパート。
- 🏢 建物が古いため、退去ごとの原状回復工事費用が高額（1回あたり40万円）。
- 🏢 入居者募集時に業者広告費が賃料2か月分かかる（賃料8万円×2か月＝16万円）。
- 🏢 郊外かつ物件も古く、次の入居までの空室期間が平均120日かかる。

1️⃣ テナントリテンションをしなかった場合の解約率20%（年間解約数2戸）

満室想定賃料：960万円（8万円×10戸×12か月）
△ 空室損失：63万円（満室想定賃料×空室率※）

△ 原状回復工事：80万円（1回40万円×2戸）

△ 募集広告費：32万円（1回16万円×2戸）

△ その他運営費：96万円（満室想定賃料の10%）

　NOI（純収益）：689万円……①

※空室率の計算　$\dfrac{解約戸数（2戸）×空室日数（120日）}{総戸数（10戸）×稼働日数（365日）}$＝6.6%

② テナントリテンションをした場合の解約率16%（年間解約数1.6戸）

満室想定賃料：960万円

△ 空室損失：51万円（満室想定賃料×空室率※）

△ 原状回復工事：64万円（1回40万円×1.6戸）

△ 募集広告費：26万円（1回16万円×1.6戸）

△ その他運営費：96万円（満室想定賃料の10%）

NOI（純収益）：723万円……②

※空室率の計算　$\dfrac{解約戸数（1.6戸）×空室日数（120日）}{総戸数（10戸）×稼働日数（365日）}$＝5.3%

➡①と②の差異：723万円 - 689万円＝年間34万円

　この例の場合、テナントリテンションをすることで、最大で年間34万円の収入アップ効果を生み出す可能性があるといえます。

● 更新料を無料にすると収入をいくら失うのか

　物件を購入し、入居者にオーナーチェンジを知らせる際、秋山さんは「今後、更新料を無料にする」と、どの物件にも通知しています。これもテナントリテンションとして入居者に喜んでもらえる施策のひとつです。一方、大家さんとしては更新料収入を失うことになります。一体いくらの収入を失うことになるでしょうか。

◎先程と同じ、賃料8万円10戸のアパートの場合に発生する更新料

〈前提条件〉

- 更新料は2年に1度、賃料1か月分を取得し、オーナーと管理会社で折半する。

  ※計算を単純にするため、1年ごとに0.5か月の更新料が発生するものとする。

- 解約率20%、すなわち残りの80%の入居者が毎年更新をし、更新料が発生する。

更新料が発生する入居者10戸×80%＝年間8戸

- 更新料収入（全体）：8戸×賃料8万円×毎年0.5か月＝32万円

  （➡管理会社とオーナーとの折半）

➡オーナーの受け取る更新料収入：32万円÷2＝年間16万円

　この物件の場合、更新料無料は大家さんにとって16万円の収入減と考えられます。

　これらを考えると、テナントリテンションは更新料を無料にすることだけではありませんが、仮に更新料を無料にしたとしても、オーナーは更新料収入の16万円を失うことにはなりますが、解約率を20%から16%に抑えることでNOI（純収益）が34万円増えるならば、差し引き18万円の増収となり、お得と言えるでしょう。

■ どのようなテナントリテンションが効果的か

　こうして見ると、テナントリテンションには一定の効果が見込めそうですね。しかし、秋山さんのように入居者と飲み会をするのは、かなりハードルが高いかもしれません。ただし、更新料無料や設備交換ならどなたでも取り組めそうです。他に考えられるのは、エアコン洗浄や水回り設備のクリーニングなどが挙げられます。更新の際に入居年数に応じてこうしたサービスを提供するのはいかがでしょうか。

　テナントリテンションの費用対効果は賃貸経営の中でも特に数字化しにくいため、なかなか進んでいないのが現状です。しかし、実際に秋山さん

はテナントリテンションに取り組むことで、入居者との信頼関係を構築し、解約を抑制できていますし、解約防止以外にも物件運営上のメリットを実感されています。このように数字だけで測ることができない効果もありそうですので、一度試してみる価値がありそうですね。

2 見込みが甘いと苦労する運営コスト

　秋山さんの物件では、毎回の原状回復工事の金額が大きいとお話しされていました。物件購入の段階で、その後にかかる運営費をきちんと見積もることができればよいのですが、これを誤ると、後で苦労することになります。長期間に渡る賃貸経営では保有期間中のランニングコストが大きなウエイトを占め、特に築古物件ともなれば、原状回復工事や設備リニューアル、大規模修繕工事など大きな費用がかかる場合もあります。
　一般的に、東京圏の1棟アパートの運営費は満室想定賃料に対して15%〜16%程度と言われます。

◎大まかな満室想定賃料に占める運営費の割合

- 戸 建 て 貸 家：7%〜8%
- 1棟アパート：15%〜16%
- 1棟マンション：17%〜20%
- 区分マンション：22%〜24%

　しかし、これはあくまでも平均的な目安です。実際のコストは物件の状況によって大きく変わることがあるため、注意が必要です。一般的な築浅アパートと、先ほどテナントリテンションで試算した築古物件（解約率20%の場合）を例に、運営費を試算してみましょう。

◎運営費の例：築浅アパート

満室想定賃料収入（平均賃料8万円、戸数10戸）	9,600,000円	100.0%
共用電気・水道代	24,000円	0.3%
清掃費用	120,000円	1.3%
消防点検費用	60,000円	0.6%
管理費用[※1]	460,800円	4.8%
固定資産税・都市計画税	240,000円	2.5%
火災保険料	150,000円	1.6%
入居ごとの広告費[※2]	200,000円	2.1%
原状回復工事費[※3]	187,500円	2.0%
運営費合計	**1,442,300円**	**15.2%**

◎運営費の例：築古アパート

満室想定賃料収入（平均賃料8万円、戸数10戸）	9,600,000円	100.0%
共用電気・水道代	24,000円	0.3%
清掃費用	120,000円	1.3%
消防点検費用	60,000円	0.6%
管理費用[※1]	448,512円	4.7%
固定資産税・都市計画税	240,000円	2.5%
火災保険料	150,000円	1.6%
入居ごとの広告費[※2]	320,000円	3.3%
原状回復工事費[※3]	800,000円	8.3%
運営費合計	**2,162,512円**	**22.6%**

※1 管理費用は実際に発生した家賃にかかるため、築古で空室が増え、家賃が上がると管理費用は下がる。

※2 築年数が浅いうちは広告費が少なくても人気があるので入居付けできるが、古くなるほど広告費が必要になる。

※3 築年数が浅いうちはリフォームの必要があまりなく、収入の2％程度。築古になるにつれ、リフォーム代が上がる。

　一般的な築浅アパートの満室想定賃料収入に占める運営費率が15.2%であるのに対し、築古アパートでは入退去ごとの広告費が3.3%、原状回復工事費が8.3%を占める影響で、運営費率が22.6%にまで膨らみました。仮に、購入前に運営費を15.2%で試算していたとしたら、年間約72万円、7.5%のコスト増です。これではたまりません。

　購入判断の段階では、運営費をしっかりと見極めることが重要です。そのためには、物件の状況を見た上で、購入判断エクセルシート（本書特典）などで「順調にいく場合」「コストが多くかかる場合」などいくつかのパターンでストレスチェックをかけて判断する必要があります。

3 │ 長期修繕計画と修繕積立金

　保有中にオーナーが考えることとして、毎年かかる運営費に加え、数年から十数年ごとに行う必要のある「大規模修繕工事」を予定に入れておくべきでしょう。保有中に必要な物件のメンテナンスにあたるからです。次にざっと流れを説明します。

🏠 物件診断

　長期修繕計画にあたり、最初にすることは「現状把握」です。ひとまず自分の目で物件を確認します。注意して見るポイントは大まかには次のページの表のとおりです（この表は、建物診断の項目以外に購入判断の際に確認したい周辺環境等も入っていますので、物件診断にそぐわない項目も含まれています）。現地確認して問題がありそうな場合は、建築士やホームインスペクターなどの専門家に相談しましょう。

◎物件チェックポイント【周辺環境（共用部）】

No	項目	主に確認する内容
1	駅からの道のり	通りの寂しさ、街灯の多さ、交通量・騒音
2	近隣の建物	嫌悪施設、臭い・音・土壌汚染など
3	境界	境界線の有無、確定測量の有無、セットバック
4	道路付け	前面道路幅員、間口、私道の承諾など
5	ゴミ置き場	集積場か個別回収か、場所、容量、マナー
6	駐車場・駐輪場	放置車両、不陸・白線・桝の状況
7	基礎	クラック、不同沈下、水染み跡、鉄筋の露出
8	外壁	傾き、傷み、水染み跡、目地、修繕履歴
9	屋根	防水や塗装の状況、ドレン、修繕履歴
10	外部金物等	ドレン、雨樋の傷み、清掃状況、修繕履歴
11	エントランス	メールボックス、ドアヒンジ、エントランスの色気
12	共用廊下	私物の放置、側溝、清掃、管理状況
13	共用階段・手すり	鉄部の錆・腐食、柵の傷み・破損等
14	設備の状況	給水ポンプ、給湯器、エアコン、消火器
15	法定点検	消防、貯水槽等の法定点検の必要性と金額
16	自主点検	清掃、植栽管理等の自主点検の必要性と金額

◎物件チェックポイント【周辺環境（専有部）】

No	項目	主に確認する内容
1	天井・壁	傾き、たわみ、水染み跡、クロスの剥がれ
2	床	傾き、床鳴り、フローリングの状態、床のたわみ
3	収納	広さ、水染み跡、押入れ→クローゼットにするか
4	建具・サッシ	建付けに問題があるか、割れ・痛みなど
5	間取り可変性	広さ、間取りの自由度、収納や設備の大きさ等
6	床下点検	湿気、水染み跡、蟻道など
7	天井点検	湿気、鉄部の錆、水染み跡、界壁など
8	換気扇	異音、吸引力
9	キッチン	大きさ、水栓のぐらつき、配水管の接続、水染み跡
10	トイレ	温水洗浄便座のコンセントがあるか
11	洗面所	洗濯機置き場、独立洗面台の有無、床のたわみ
12	風呂	入隅・目地の状況、錆・腐食、トラップ、水栓等
13	エアコン・給湯器	年数、大きさ、臭い、リモコンの有無
14	その他設備	インターホン、火災報知器、照明器具などの状況

長期修繕計画の作成

　現状把握をしたら、次は「どの項目を、いつ、いくらで」修繕していくのか
を計画に落とし込んでいきます。ここで重要になるのが各項目の「周期と
金額」です。(一社)不動産協会のホームページの中に「長期修繕計画
の作成指針(https://www.fdk.or.jp/k_plan/tyouki.html)が掲載
されていますので、それを参考に計画表を作成するとよいでしょう。単価
表をひとつずつ見ても、金額感がピンとこないものもありますが、小さめの
アパートでも外壁屋根の塗装工事に200万円(10年〜15年ごと)、給水ポ
ンプ交換に100万円(15年〜20年ごと)、エレベーター交換に1,000万円
(25年〜30年ごと)といった具合にまとまった出費が発生しますので、あら
かじめ計画を立てて積立金等を準備しておきましょう。

修繕積立金の準備

　次に、作成した計画表から将来必要となる資金を準備します。積立金
が不足する場合には手持ち資金から拠出したり、リフォームローンを利用
したりすることになります。

　ざっと流れを説明しましたが、実際に長期修繕計画書を作成するには
それぞれ工事見積を取る手間や、正しく物件を診断する専門スキルが必
要です。大家さんが単独でそこまで準備することは大変な労力だと思い
ます。そこで、だいぶ大雑把ですが、とても簡単な修繕積立金の計算式を
紹介します。

◎アパート経営における修繕積立金の簡易計算

　🏠 年間の修繕積立金の額　＝　建物の建築費用　×　0.5%〜1.0%※
　　　※掛け目は、物件ごとの設備・仕様に応じて調整。

　例えば、アパート2階建て10戸(建築面積200㎡)の場合、高額な設備
はなく、基本的には12年ごとに外壁屋根の塗装工事をする程度としま
す。上記の計算式をもとに計算すると、当初建築費6,000万円×0.5%＝年

間の修繕積立金30万円となります。12年間で360万円の積立金となり、これだと外壁屋根の塗装工事程度なら余るくらいの計算です。

　いかがでしたでしょうか。保有中の段階では、空室対策、入居者対策、メンテナンスともにいろいろな費用がかかるということがわかりますね。購入時の費用はしっかり把握している一方で、保有後の運営費については見落としがちな大家さんが多いようです。あらかじめこうした状況を知っておくことで準備できるのではないでしょうか。

第3章 出口編

Case5 土肥　茂夫

投資の最終収益は出口を迎えて確定する

**出口の
ポイント**

❶ 売却か保有か

・売却、保有、建替え
・それぞれをシミュレーション

➡ 複数のシナリオを数字で比較検討

❷ 売却の方法

・そのまま売却 or
　バリューアップして売却
・出口を取るタイミングはいつか

➡ より高く売却する方法の検討

❸ 資産の組換え・税対策

・出口で得た資金をどうするか
・買換えコストの検討

❹ 税対策

・出口にかかる経費と税
・買換え特例等の利用の検討

土肥　茂夫

どい・しげお●サラリーマンを
経て、56歳で祖父の代から始
めた家業を継ぎ、専業大家13
年目を迎える。東京・神奈川・
埼玉にアパート・マンション12
棟322戸を保有し、満室家賃
収入約2億円／年。継承した物
件が郊外の築古物件だったた
め、買換えやリニューアル工事
などに取り組みつつ、次世代へ
の継承を望んでいる。

Case5

資産組換えで事業継承に取り組む専業大家さん
土肥　茂夫（68歳）

資産の買換えやリニューアル工事で
付加価値を高めながら、
資産を過去から未来に受け継ぐ

金言1：立地や建物の将来性を見定め、時代に合わせた選択で資産を守る

ー土肥さんが家業を継がれたのは、いつ、どのようなタイミングだったのでしょうか？

　祖父が公衆浴場経営を始め、父の代から賃貸マンション経営に移行しました。その後、1999年に父が亡くなったため、母が社長となりました。そして、母が77歳、自分が56歳になったタイミングで、サラリーマンを辞めて家業を継ぎました。現在、大家歴13年です。

ー最近物件を売却されたと伺いましたが、その経緯を教えてください。

　私が受け継いだ物件は、日野、八王子、東村山などの郊外にある、それも築30年以上のマンションでした。これらは、立地による賃貸需要の不安、築年数の古さによる修繕費の増加、間取りが現在のトレンドと合わないなど、経営面での課題が山積みの状態でした。

　ですから、私の代になってから、まず日野のマンションを売却しました。この物件はワンルーム115戸、プラス1階に店舗がある大型RCマンションですが、立地が悪くていつも空室に悩んでいました。ひどいときは、40部屋が空室、稼働率が60%台にまで下落したこともあります。近年は近くに工

場を持つ法人が7割以上の部屋を借りてくれていましたが、借り手が一法人にかたよると一斉退去のリスクがあります。不安を抱えたまま運営していたところ、ついにその工場の移転が決定。このまま保有するか売却するか、検討を重ねました。こうした状況ですから、売却するにしても、当然買主にとっては工場移転は織り込み済みとなり、その分売却額は安くなってしまいます。それでも今後空室を埋めていくのは困難が続くと判断し、売却することに決めました。幸い、売却した2015年は金融緩和が続いていたこともあり、思っていたより良い条件で売却できました。

　受け継いだ物件を手放すのは勇気がいりました。ですが、父は祖父の始めた事業を業態変更し、私は父の資産を組換えています。共通しているのは、その時代に合わせた手法で資産を守るということです。地主さんの中には先祖代々の土地を守ることにこだわる方もいますが、土地そのものを守ることよりも、資産価値を守るほうが重要だと考えます。

金言2：出口戦略のとらえ方はさまざま。それぞれの物件の状況を分析して最良の選択肢を

ー資産の組換えには、「事業用資産の買換え特例」を使われたと聞きましたが、それについて教えてください。
　日野のマンションの買換えにあたり、重視したポイントは次の3つです。①「立地の改善」。立地の問題で売却するわけですから、将来安定した賃貸需要が見込めるエリアに買い換えることが目的になります。②「キャッシュフローの維持」。借入金の返済もありますし、経営継続のためにも、資金繰りの条件は外せません。③「事業用資産の買換え特例」を使うこと。これも絶対条件でした。
　「事業用資産の買換え特例」とは、一定の要件の下で事業用資産の買換えをした場合、譲渡益の一部に対する課税を将来に繰り延べすることができるというものです。日野の物件は、祖父が取得した資産を、父が買い換えたことで取得したもので、父も組換えの際にはこの特例を使っていました。すなわち日野のマンションの簿価（取得費）は祖父の代の大昔の

簿価を継承しているため非常に低く、売却時には多大な利益が出てしまいます。計算したところ、その税額がなんと2億円。この税金を支払うということは、新たに購入する物件を2億円高く買うようなものです。それでは買い換える意味がありません。このような理由から、特例を使って資産を組み換えることは外せない条件でした。

－買換えで選ばれたのはどんな物件ですか？

　立地は都内23区、神奈川、埼玉に分散し、木造アパート合計4棟に買い換えて、先ほど述べた3つの重視ポイントは達成できました。欲を言えばこれまでと同じRCの物件を希望していたのですが、買換えのタイミングが物件価格が高騰していた時期で、買い換える物件も高くついたことが残念でした。

　同じRCのマンションで好立地かつ築浅となると、利回りが下がるためキャッシュフローを維持することができません。それでは経営的に難しく、立地を最優先にすると木造アパートしか選択肢がありませんでした。それでも、買換えは正解だったと思っています。

組換え購入したアパート①
（神奈川県）

組換え購入したアパート②
（神奈川県）

組換え購入したアパート
（都内）

組換え購入したアパート
（埼玉県）

　「買換えはタイミング」「安い時に買って、高い時に売る」というように、市場サイクルに合わせたタイミングで売り買いするのが王道です。しかし、私のように資産となる不動産の取得時期が古く、税金対策のために買換え特例の利用が必須要件となる場合、買い換えるまでの期限が決まってしまいます。想像していた以上に時間的に厳しいので、「高い時に売って、安い時に買う」ということを期限内で実行するのは難しかったですね。

－売却する以外に、建替えも出口戦略のひとつかと思います。また、あえて出口を設けず修繕をして保有を続けるという選択もあります。そのあたりの判断をどうお考えですか。

　その時点において、物件ごとに将来を予測した上で判断する必要があると思います。地域の将来の賃貸需要や築年数とともに増加する修繕費、そして、間取りや設備等をリニューアルすることで再生が可能なのかなどを情報収集し、分析した中からいずれかの道を選択することになるかと思います。

金言３：築古物件でも、共用部や室内の改修と常設モデルルーム設置で付加価値アップ

ー受け継いだ築古物件で大規模修繕をして成功された事例もあるとか。

　はい、東村山にある全81戸のマンションは、売却せずにリニューアルしました。私が引き受けた当時、物件管理は特に管理会社にお願いしていませんでした。また、大規模修繕も約30年間で一度もしたことがなく、放置していたことで空室が20戸にも達していました。

　調べるうちに、手を掛ければこの物件は再生できると確信を持ちましたので、思い切って方針転換しました。物件管理は専門の管理会社に委託し、外壁やエントランスなど共用部分と、専有部もすべて大リニューアルをすることにしたのです。

　古い印象を払拭するため、専門家にもアドバイスをいただき、バリューアップに取り組みました。外観やエントランスなどの共用部は、カラーリングや素材選びで明るく高級感のある印象に。室内にはおしゃれな照明を設置し、じゅうたんをフローリング調に張り替えました。インテリアコーディネーターにお願いしてモデルルームも設け、空室になるたびにデザインにこだわったリニューアル工事を進め、物件トータルでバリューアップしました。

高級感のある東村山の
マンション（外観）

生まれ変わった東村山の
マンション（エントランス）

レンガ調のクロスが映
えて明るい床になった
東村山のマンション
（室内）

　また、リーシング営業にも力を入れました。管理会社に任せているとはい
え、大家自身も積極的に行動しようと考え、仲介店舗に自らお土産を持って
営業に行きました。その結果、かつて20戸あった空室も満室になりました。

ーモデルルームを常設にしたそうですが、その効果はどのように見て
いますか？

　空室が多い時期にモデルルームを設置したのですが、内見された方
の評判がとても良く、申込みにつながることがわかりました。空室がなくな
るにつれ、管理会社からモデルルームを撤去して部屋を貸そうと提案され
ましたが、あえて残すことにしました。1戸分の家賃収入は減ることになりま
すが、この規模になると入退去も年中あるものですから、81戸を満室にす
るより、1室を常設モデルルームにするほうが効果的なのではと考えました。

　常設であれば、解約予告後、部屋が空く前から先行して入居者募集を
し、その部屋自体が入居中でも、いつでもモデルルームに案内することが
できます。実際に仲介会社さんにも喜んでいただき、入居率アップに役立
ちました。また、物件を再生したことで、保有中の収益力アップはもちろ
ん、売却時の売却価格アップにもつながったと思います。

インテリアコーディネーターが手がけた東村山のマンション常設モデルルーム

金言4：大家業は甘くない。不労所得でなく長期保有で結果が出るサービス業と心得る

－ご自身の経験をもとに、これから不動産投資を始める方にアドバイスをお願いいたします。

　最近セミナーなどに参加すると、「目指せ、不労所得」というスタンスの方が増えているように感じます。不労所得には、働かなくても食べていけるから楽だというイメージがあるからでしょうか。しかし、私の実感としては、不動産経営は世間でいわれるような不労所得のように楽ではなく、むしろサービス業です。ですから、入居者に満足してもらうためには、あれこれ考え、工夫しなければなりません。管理会社に任せるだけでは解決できず、大家が自ら行動しないといけないこともあります。もし、サラリーマンをしながら大家をやるとなると、なかなか忙しいと思いますので、事業を営むという覚悟を持って取り組む必要があるように思います。

　また、不動産経営の成否は短期間で判断できるものでもありません。購入・保有・売却までのすべてを経てはじめて成功だったかどうかがわかります。たとえ安く購入できたとしても、将来もっと安く売ることになってしまったら、それは成功といえません。長い目で取り組む必要があります。

－ご自身の不動産経営のゴールはどこに置かれていますか？

　先代から受け継いだものを、次世代が困らない形にし、きちんと継承していくことがゴールでしょうか。いつになるかわかりませんが、将来の代替わりに向けて、私の代でやるべきことはまだまだあります。未だ課題も多いので、タイミングを見ながら資産を改善していくつもりです。まだまだ楽はできそうもありませんね（笑）。

Case5　Analysis　Report

　すべての投資には、入口・保有中・出口の段階があり、その投資が最終的に成功したか否かは出口が確定してはじめて決まります。例えば、ある投資商品を入口で安く取得でき、保有中にうまくいっても、最後に格安で売却して利益が残らなければ、成功とは言えません。また、不動産の出口は、売却以外にも複数の選択肢があり、それらを比較して判断します。ここでは、土肥さんのお話を参考に、出口における考え方を解説します。

1 最適な出口戦略を判断する「中間分析」

　不動産経営における出口といえば「売却」が代表例です。しかし、必ず売却しないといけないわけではありませんし、そのまま保有を続けるほうがよいかもしれません。保有においても、何も手を加えず現状維持をするのか、リニューアルで物件の価値を高めて保有すべきか選択肢があります。そして、保有を続ければいつかは建物を建て替えることになります。

　売却するか、何もせず保有するか、リニューアルして保有するか、建て替えるか。出口を考える上では、これら複数の選択肢の中から最良のものを選ぶ必要があります。しかし、それぞれの形が異なるため、横に並べて単純に比較することが難しく、なかなか判断がつきません。

　こうした形の異なる複数の選択肢を数字に置き換え、そして、すべて同じ土俵に並べて比較し、その中から最良の選択肢を判断する手法に「中間分析」があります。中間分析の流れは、まず、現在保有する物件を「仮にその時点で売却した」と考えて手元に残る資金を算出します。次に、その資金をそれぞれの選択肢に投資した場合の、その後10年間のパフォーマンスをシミュレーションします。さらに、それらを並べて比較し、最も良いパフォーマンスを発揮する選択肢を見極めるというものです。ちなみに、中間分析において、現在の物件を何もせず保有し続けることは、現在手元に換金できる資金を、その保有物件に再投資していることと考えま

す。また、すべての選択肢を同じ物差しで比較するために、将来（ここでは10年後）に売却した場合の価値を計算する必要があります。

　この手法は、出口を考えるタイミングに限らず有効です。不動産を取得するまでは熱心に収支計算する人が多いですが、運営が安定すると経営分析を怠りがちです。保有期間中に定期的に中間分析することで、その都度とれる選択肢を数字化でとらえ、戦略を修正することができます。このプロセスによって、成功をより確実なものにできると言えます。

■「中間分析」の具体例

　それでは、下記の物件を例に、実際に中間分析を行ってみましょう。

〈現在の状況〉

・築30年以上の1棟マンション（RC造）を保有している。

・専有面積は16㎡、間取りはワンルーム30戸、今では不人気の3点ユニットバスである。

・立地が郊外で、単身タイプは賃貸需要が年々減少しており、募集に苦戦している。

・現在の満室想定賃料収入は1,500万円だが、稼働率は70％と低迷している。

・募集広告費は高まり、老朽化により修繕費も増え、運営費が高い。

・将来の課題は多く、対策を打つべきだがなかなか考えがまとまらないままでいる。

〈保有物件を売却した場合に残る資金を試算する〉

　中間分析を始めるにあたり、現在保有する物件を現時点で売却した場合に、手元に残る資金を算出します。

　不動産会社の査定によると、現在の売却価格は1億2,500万円（表面利回り12％）とのことです。借入金の残高はなく、売却コストは400万円（3％程度）です。これらを差し引き、手元に残る資金は1億2,100万円です（ここでは、譲渡所得税等の計算を省略しています）。

売却査定額	−	借入金残高	−	諸経費	＝	手元に残る資金
1億2,500万円		0万円		400万円		1億2,100万円

　この1億2,100万円の資金を、以下3つの選択肢にそれぞれ投資した場合のシミュレーションを行います。これは、本書の特典である「購入判断エクセルシート」を用いて計算します。

🏢 比較する選択肢
　1. 何も手を加えず、現状のまま保有を継続する
　2. リニューアル工事をして、保有を継続する
　3. 現在の物件を売却し、別の物件に買換える

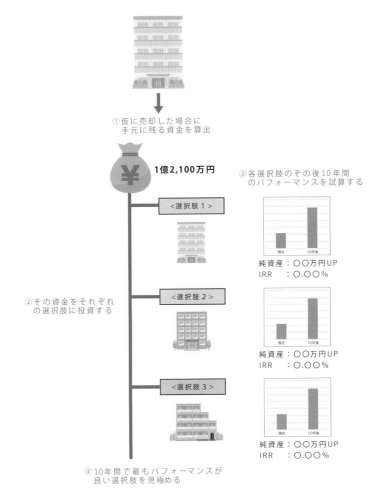

①仮に売却した場合に
　手元に残る資金を算出

1億2,100万円

③各選択肢のその後10年間
　のパフォーマンスを試算する

＜選択肢1＞

純資産：〇〇万円UP
IRR　：〇.〇〇%

②その資金をそれぞれ
　の選択肢に投資する

＜選択肢2＞

純資産：〇〇万円UP
IRR　：〇.〇〇%

＜選択肢3＞

純資産：〇〇万円UP
IRR　：〇.〇〇%

④10年間で最もパフォーマンスが
　良い選択肢を見極める

〈選択肢1　何も手を加えず、現状のまま保有を継続する〉

　資金1億2,100万円を保有物件にそのまま再投資した場合、その後10年間のパフォーマンスは次のとおりになりました。

【結果】

※ 計算の内訳は、特典の「購入判断エクセルシート」にあるシート「中間分析①何もせず保有」をご覧ください。

・純資産：＋1,800万円
・IRR：1.70%

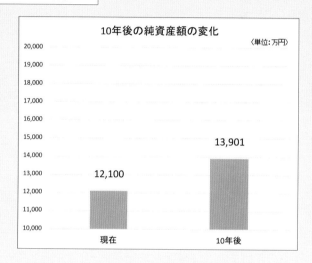

　現状のまま何もせず10年間運営すると、純資産は約1,800万円増加します。この場合の収益率（ここでは、IRRという収益率を用いています）は1.70%となりました。1億2,100万円もの金額を投資しているわりには、あまり高いと言えないパフォーマンスですね。

〈選択肢２　リニューアル工事をして、保有を継続する〉

【リニューアルの内容と効果】

・空室10戸に簡易的なリニューアルを行う。

　効果：10戸の賃料が5,000円上昇（年間60万円の満室想定賃料の上昇）。
　費用：1戸50万円×10戸＝500万円

・エントランスホールと共用部のリニューアルを行う。

　効果：稼働率が10％改善し、全体の平均稼働率が80％に。
　費用：1,000万円

　リニューアル費用合計1,500万円はリフォームローンを利用する
　（借入条件：借入期間10年、借入金利２％）。

【結果】

※計算の内訳は、特典の「購入判断エクセルシート」にあるシート「中間分析②リニューアルして保有」をご覧ください。

・純資産：＋2,300万円
・ＩＲＲ：2.22％

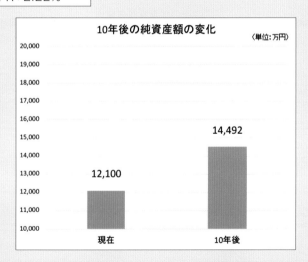

選択肢１のように何もせずに保有するよりも、純資産は500万円多くなり、収益率も高まる結果となりました。しかし、郊外が故の立地の将来性、建物の老朽化という不安は払拭できていません。

〈選択肢3　現在の物件を売却し、別の物件に買い換える〉

【買い換える物件の内容】

- 現在よりも都心に近く、将来の賃貸需要が明るい立地の1棟マンション。

- 満室想定賃料収入は2,520万円、表面利回りは7％。

- 物件価格は3億6,000万円のため、足りない分は新たにローンを組む必要がある。

- 購入諸経費は2,520万円かかる。

- 築年数は10年。これまでと同じ30戸の物件。

- 間取りはそのエリアでは比較的需要の高い20㎡以上の1K。

【結果】

※計算の内訳は、特典の「購入判断エクセルシート」にあるシート「中間分析③買い換え」をご覧ください。

- 純資産：＋5,000万円
- ＩＲＲ：4.65％

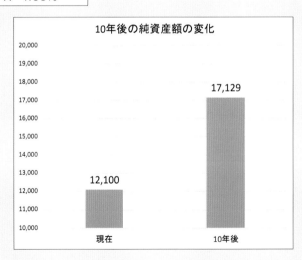

10年後の純資産額の変化

　純資産の増加、IRR（内部収益率）ともに3つの選択肢の中で最も良い結果になりました。この物件に買い換えるには、2,500万円の諸経費を支払い、2億円以上の借入れをする必要がありますが、これまでのように立地の将来性や建物の老朽化リスクは軽減できます。

　この結果から、この事例においては「現在の物件を売却し、別の物件に買い換える」という出口戦略をとることが、他と比べて最も優れていることがわかりました。

　このように、中間分析によって、現状維持、リニューアル、買換えなど複数のシナリオを数値化して比較し、どの選択肢がご自身の投資に合っているのかを判断することができます。ぜひ、特典のエクセルシートを活用して分析してみてください。

---

2 ｜「売却益を最大化するために」　物件価値を高める具体的な方法

　物件を売却するなら、できるだけ高い金額で売却して利益を増やしたいものです。実際にあった事例をもとに、売却額を高めるヒントをご紹介します。

■ バリューアップ工事でかけたお金以上に利益を生む

〈前提条件〉
■ 賃料：従前は5万円 ➡ リノベーション後は6万円とする。
■ リニューアル工事費用：80万円を10戸／20戸に行う（総額800万円）
■ しばらく保有した後に売却する（売却時の市場の還元利回りは10%）

◎バリューアップ工事をせずに売却
　賃料収入：5万円×20戸×12か月＝満室想定賃料1,200万円
　売却価格＝1,200万円÷10%＝1億2,000万円

◎バリューアップ工事をして売却
　賃料収入：（5万円×10戸＋6万円×10戸）×12か月＝満室想定賃料
　　　　　　1,320万円
　売却価格＝1,320万円÷10%＝1億3,200万円

　この場合、工事費用に800万円かけても、売却価格が1,200万円アップ

したので、差し引き400万円の利益となりました。工事後に売却するまでに保有期間がある場合は、家賃収入差異も利益となります。

🏠 アイデアひとつで、お金をかけずに利益を生む

◎共用部に白線を引き、有料バイク置き場を設ける

共用部や無料駐輪場の一部に空きスペースはありませんか？　もしあるなら、白線を引いて有料の駐車場やバイク置き場を設けてみましょう。借り手が付けば新しい収入となって費用対効果は抜群。駐車場（賃料1万円）1台とバイク置き場（賃料3,000円）を1つずつ設けられれば、それだけで15.6万円の年間収入アップです。

また、考え方次第では、「借り手が見つからなくても白線を引いた時点」で物件価値が上がったといえます。というのは、収益物件を売却する場合、その市場価格は一般的に「収益還元法」によって、「満室想定賃料÷還元利回り」という計算式で算出するからです。

もし、この物件が市場では表面利回り10%で取引されているなら、駐車場等の増設によって物件価値は156万円上昇することになります。

🏠 収益還元価格
（駐車場1万円＋バイク置き場3,000円）×12か月÷利回り10％＝156万円

2万円〜3万円が156万円になるなら、やらない手はありません。実際にこの方法で物件を高く売却できた事例もあります。お金をかけなくてもアイデア次第で物件価値を高めることはできるのです。

◎更新料を無料にする代わりに月々の家賃を上げる

賃貸借契約の更新時に入居者が支払う更新料。首都圏では通常2年後の更新で賃料1か月相当を支払うことになり、入居者には負担が大きいものです。そこで、更新を迎える入居者に「今回の更新から更新料は無料で結構です。ただし、毎月の家賃を3,000円値上げさせてください」とお願いします。

家賃が10万円の物件ならば通常の更新料は2年間で10万円です。し

かし、更新する入居者はこの10万円を払わず、これから毎月3,000円支払えばOKです。毎月3,000円をこの先2年間支払っても7.2万円ですし、更新料の月払いのようなものですので、中途解約するときにも無駄になりません。入居者から見てお得なので承諾が取りやすいところです。また、これはテナントリテンションとしても有効です。

　2年間ですべての入居者の更新が済み、賃料が3,000円上がったとします。そして、2年後に物件を売却した場合、次のようになります。

① 更新料10万円をもらう場合の物件売却価格（世帯数10戸の例）
　〈直接収益還元法〉
　　家賃10万円×戸数10戸×12か月÷利回り10％＝物件価格1億2,000万円
　　更新料収入10万円×10戸＝100万円　収入合計 1億2,100万円

② 更新料を廃止し家賃3,000円値上げした場合の物件価格
　〈直接収益還元法〉
　　家賃10.3万円×戸数10戸×12か月÷利回り10％＝物件価格1億2,360万円
　　更新料収入　0円　収入合計 1億2,360万円

　比較すると、②のほうが260万円分収益が多くなります。これは更新料収入が収益還元価格に反映されていないという盲点を突いたものです。とはいえ、実際の売却価格はあくまで買主と売主の合意によって決まりますので、この試算どおりになるわけではありませんが。

　以上のように、さまざまなアイデアによって売却する際の利益を高めたいものですね。

第4章 税務編

Case6 石井　彰男

規模が大きくなるにつれ、税金との戦いが生じる

税務の ポイント

❶ 税務の基礎知識

【入口】
不動産取得税　登録免許税　印紙税
消費税
【保有中】
固定資産税　都市計画税　法人税
所得税　住民税　事業税
【出口】
譲渡にかかる所得税・法人税　相続
税　印紙税　消費税

❷ 節税の手法

・法人所有か個人所有か
・各種経費の賢い使い方
・修繕費か資本的支出か
・デッドクロス対策
・各種特例の利用
・相続税対策
　など

石井　彰男

いしい・あきお●会計事務所ロイズ会計代表として、大家さんに不動産投資や会計アドバイスと起業サポートをする税理士大家さん。コンサルティング会社のサラリーマンを経て、28歳で専業大家に転向。当初依頼していた税理士が不動産に詳しくなかったため、多額の税金を納めなければならなかったことが自ら会計を学び税理士資格取得のきっかけとなった。著書の『税理士大家さんがコッソリ教える不動産投資のお金の残し方 裏教科書』(ぱる出版)は、具体的かつ実践的な不動産投資本のベストセラー。

Case6

投資経験をもとに賃貸経営をサポートする税理士大家さん
石井　彰男氏（42歳）

不動産経営の利益は正しい節税で賢く残す！
17年の投資経験と税金知識をもとにした
キャッシュフロー最大化術

金言1：「税金は苦手」と丸投げしては、せっかく不動産経営で利益を
得ても手元にお金は残らない

**ー税理士大家さんとしてご活躍ですが、まずご自身が不動産経営を始
められたきっかけを教えてください。**

　「サラリーマンで出世するタイプじゃない」と早々にリタイアしようと考
え、不動産経営を始めたのが17年前です。サラリーマン時代に将来の年
金はあてにできないと思って株式投資に目をつけ、タイミング良く中国株で
大きな利益を得ました。その活用方法を考えていた時、「年を取ったらア
パート経営して悠々と暮らしたい」と常々口にしていた知人を思い出し、
不動産経営の世界に入ることになりました。

　1棟目は、札幌の築22年、利回り24%の木造2階建てアパートです。株
の利益で融資なしで現金購入できました。当時札幌は利回りが良かった
とはいえ、運も良かったと思います。その後も株や不動産経営の利益を元
手にし、無借金で札幌や東京を中心に規模を拡大。6年で年間キャッシュ
フローが2,000万円になりました。スタート当初から現在まで、利回りと積算
評価を重視しつつ、築年数の古い木造アパートや戸建てを中心にしてい
ます。最近はトランクルームも買いました。

2階建てアパート（上）と最近の
需要が多いトランクルーム（下）

**ー大家業は大変順調のようですね。税理士になられたのはどのような
きっかけですか?**

　不動産経営は順調で利益を生んでいたものの、当時の私は会計知識
がゼロでした。申告業務は税理士に丸投げ。その結果、毎年高い税金を
払い続けることになり、利益があるのに手元にお金が残らないという状態
がしばらく続きました。税金のプロに依頼しているのにおかしいと帳簿を
確認したところ、計上されるべき経費が大幅に省かれている事実を知っ
て愕然としました。そこで、税務知識をつけて自ら会計処理をしたところ、
税金はぐんと安くなりキャッシュフローが増えました。

　同様に、税務面で損をしている大家さんがたくさんいることを知り、お役
に立てればと勉強を続けて税理士資格を取りました。そして、不動産経営
と税金両面のご相談にのるようになりました。自分の失敗からも分かるよう
に、税理士に丸投げでは損をしているかもしれません。ですから、税理士
に依頼するにしても、おかしい点を指摘できるくらいの最低限の知識は必
須です。不動産経営と税金は切っても切れない関係ですから、税金を上
手にコントロールできないと、思っていたほどお金が残らないという事態に
陥ってしまいます。

金言２:目先の節税策やトークに惑わされず、儲かる物件選びと正し
い税金対策で将来にお金を残す

**ー具体的に、どのような相談が多いのでしょうか?　これから投資を
始める方へのアドバイスもお願いします。**

　医者や弁護士、高額所得のサラリーマンなど世間で「属性がいい」な
どといわれている人も、「購入したら節税になる」という営業マンの言葉に
踊らされ、物件本来の価値を精査しないまま、セールスされた投資用新築
区分マンションなどを購入しています。買った瞬間に資産が減少するよう
な物件とローンを抱えては、残念ながらせっかくの属性評価も逆効果で
す。

　なかには、節税のために赤字申告するはずが、経費にするべき修繕費

などを計上されておらず黒字となってしまい、キャッシュフローも節税効果もなく、もはや何が目的か分からないケースもあります。今では、実質的に新築区分と同じ、投資にあたるようなものが、別の形に姿を変えて、分かりにくくなって販売されているものもあります。

ー具体的に買うべき物件の基準や探し方の注意点を教えて下さい。

　私はしっかりとキャッシュフローが出ることに加え、土地と建物のそれぞれの価値を合算した価格である積算価格も重視しています。銀行借入はしない方針ですので、想定外のことがあっても損をしない物件しか買いません。世の中、儲け話はたくさんありますが、残念ながら不動産業界は騙しや売り逃げの多い世界。これは、落とし穴に引っかからないようにするための考え方ですね。

　表面上の数字やトークに惑わされて投資の入口である物件選択を見誤っては、砂の上に城を建てるようなもの、挽回は困難です。幸い高属性の方は頭がいいので、最初の物件でつまずいても、その失敗から学びリカバリーされる方もいますが、そもそもそんな回り道は無駄でしょう。物件を見極める選択眼を磨き、入口で「儲かる物件」を選んで、保有中は「正しい節税」で税金をコントロールする。これを両立してはじめて将来のお金が残ります。

金言3：個人か法人か。ズバリ、課税所得400万円を超える、または資産を拡大するなら法人がおすすめ

ー投資を開始する際、個人・法人のどちらがいいのでしょうか、その分かれ目を教えてください。

　ズバリ、「課税所得」が440万円を超えたら、法人に切り替えるべきと考えています。また、スタート時にその規模に満たない場合も、将来その規模を超える予定でしたら1棟目から法人で購入するのがおすすめです。法人を作ると、たとえ赤字でも住民税の均等割が7万円かかりますが、これを考慮しても400万円が分岐点です。

　法人の有無によって、税引き後のキャッシュフローに大きく差が出ます。ご存知のとおり、法人と個人とでは最高税率が異なります。加えて、近年の法改正からも所得税は増税し、法人税は減税する傾向が続くと考えられます。結局、ある程度の規模になると、法人で持たないとキャッシュフローが悪くなります。

　銀行融資の際も、継承を前提とする法人のほうが有利になる可能性が大きいのです。また、決算で赤字が出た場合、青色申告で繰越せる欠損金は個人で3年のところ、法人ならば10年です。役員への給与所得控除が使える、生命保険も個人より多額を経費にできるなど、経費や控除の面でも法人のメリットは多数あります。

　法人を作ると、社会保険に加入しなければいけないのではと心配される方もいらっしゃいますが、解決方法があります。それは役員給与をゼロにすることです。また、非常勤役員であれば役員給与を支払っていても社会保険に加入しなくて済みます。したがって、例えばご自身が法人の代表になり給与はゼロ、奥さんが非常勤役員となり給与を受け取るのなら、社会保険の加入は不要です。法人にすると不自由だから個人事業主のままという話を耳にしますが、それは大きな誤解です。

金言4：多岐にわたる賃貸経営の「経費」を上手に使い、合法的な節税でキャッシュフローを最大化

ー経費にもいろいろあると思いますが、大家さんが見逃しがちな経費にはどんなものがありますか？

　意外に見落としがちな大きなものに、法人の場合の役員給与や出張費があります。ご家族を法人の役員にし、役員給与や出張費を支払って経費として計上するものです。支払先は家族なので、お金が外に出ていかないところがよいですね。役員給与に加えて、小規模企業共済やiDeCo（個人型確定拠出年金）、ふるさと納税などを組み合わせることでさらに節税効果を発揮できます。他にも、旅行に行く際に不動産の視察も兼ねることで、旅費を経費にすることができます。自宅の家賃や家財、車なども仕

事で使うものであれば経費按分できます。

　経費といえば、減価償却費は大きなウエイトを占めますが、中古物件を購入する際に注意したいことがあります。それは、土地建物比率の計上割合です。購入価格に占める建物の比率が大きいほど、減価償却費をたくさん計上できます。売買契約書に記載する場合は、売主さんに相談して、なるべく調整してもらいましょう。

　不動産経営では、「デッドクロス」という言葉をよく聞き、気にする人が多いようです。これは年数の経過とともに元金返済額と減価償却費とが逆転する現象で、帳簿上の利益がプラスであるのに手元の現金、つまりキャッシュフローがマイナスである状態ともいえます。減価償却費という大きな経費項目がなくなることで起きるわけですが、経費は減価償却費だけではないのでバランスよく使うことで解決でき、過剰に気にする必要はありません。

　例えば、1期目から役員給与等を支払い、その代わりに減価償却費はなるべく長く使えるように温存するという方法もあります。デッドクロス対策には、他にも最初からキャッシュフローが多い物件を取得する方法や、返済比率を低くする方法も有効です。

　大切なのは、「経費」を正しく理解して計上することです。不動産経営や賃貸経営という事業に関係しているものであればすべて経費になり、これは思ったより多岐にわたります。経費にすれば節税になり、手元に残るキャッシュフローも増えるのに、税金を払うだけではもったいないですね。プロのアドバイスも取り入れながら経費を味方に、合法的かつ効率的に資産を残す幸せな大家さんが増えることを祈っています。

－税金知識は賃貸経営には必須ですね。最後に、税理士大家さんとして、今後の目標をお聞かせください。

　投資と名のつくものはたくさんありますが、私は不動産が一番手堅く素晴らしいものだと考えています。株で継続的に稼ぐことはとても難しいですが、不動産は安定して収益を生むことができます。他の事業と比較すると儲けは薄く感じますが、数を増やすことができ、数が増えても自分の時

間を取られないことが魅力です。

　私も大家としてはまだまだ発展途上、いろいろな物件を研究していきたいと思っています。税理士としては、私の著書の読者様からのお問い合わせも大変多くいただいており、心から感謝しています。今後は、ご相談に来られる方の成功にフォーカスして、たくさんの幸せな成功大家さんが生まれるためのサポートをライフワークにしていきたいと思います。

　ここまで、不動産経営における入口、保有中、出口の3つの段階での成功ポイントを解説してきました。最後に、不動産経営において切っても切れない重要な論点である税務について、税理士でもある石井先生の話を例に解説していきます。

1 課税所得400万円からは法人がお得！

　不動産経営の規模（収益）が拡大するほど税金も大きくなります。そのため、不動産経営を効率化する上では、税との付き合い方が重要です。つまり、節税です。その手法にはいくつかあり、まずは不動産を個人所有とするか、法人所有とするかでも変わってきます。石井先生は「ズバリ！所得400万円からは法人がおすすめ」とお話ししていましたね。そこで、個人所有と法人所有において、課税所得が300万円から100万円ずつ増えた場合の所得税（法人税）および住民税の額を、比較してみたいと思います。なお、ここでは次の前提条件をもとに計算していますが、税額はお住まいの地域等、個別の事情により変わりますので、計算結果はあくまでも目安です。

■ 個人所有と法人所有の比較
　課税所得400万円の場合の所得税（法人税）および住民税の計算例を記載します。

〈前提条件〉
- 不動産収入以外の収入がないものと想定
- 令和2年4月1日時点の法令を前提

　国税庁によると、所得税の税率は、分離課税に対するものなどを除く

と、5%から45%の7段階に区分されているとのことです。また、課税される所得金額（千円未満の端数金額を切り捨てた後の金額）に対する所得税の金額は、速算表を使用すると簡単に求められるということですので、その表をもとに計算していきます。

◎所得税の速算表（平成27年分以降）

課税される所得金額	税率	控除額
1,000円〜1,949,000円まで	5%	0円
1,950,000円〜3,299,000円まで	10%	97,500円
3,300,000円〜6,949,000円まで	20%	427,500円
6,950,000円〜8,999,000円まで	23%	636,000円
9,000,000円〜17,999,000円まで	33%	1,536,000円
18,000,000円〜39,999,000円まで	40%	2,796,000円
40,000,000円 以上	45%	4,796,000円

出典：国税庁ホームページNo.2260　所得税の税率

◎個人の場合の課税所得400万円の所得税・住民税の計算例

〈個人〉※税額は個々の状況により変わりますのでご注意ください。

■結果
所得税額……372,500円…①
住民税額……400,000円…②
税額合計……**772,500円**

■内訳

〈所得税〉

課税所得	所得税率	控除額	所得税

400万円 × 20% − 427,500円 = 372,500円……①

〈住民税〉

課税所得	住民税率	所得税

400万円 × 10% = 400,000円……②

◎法人の場合の課税所得400万円の法人税・住民税の計算例

〈法人〉※税額は個々の状況により変わりますのでご注意ください。

■結果
所得税額……600,000円…③
住民税額……147,400円…④
税額合計……**747,400**円

■内訳

〈法人税〉

中小法人で所得800万円以下の法人税率は15%

課税所得	住民税率	所得税
400万円 × 15% = 600,000円……③		

〈住民税（法人）〉

法人住民税　所得割＝法人税×12.9%、均等割り70,000円

※住民税は、所得の額に応じる部分（所得割）と、所得の額に関わらず負担する部分（均等割）から成り立っています。
※税額は個々の状況により変わりますのでご注意ください。

法人住民税147,400円（a＋b）……④
・所得割……　法人税　　　税率
　　　　　　 600,000円×12.9％＝77,400円（a）
・均等割…… 70,000円（b）

　　以上のように計算したところ、やはり課税所得400万円あたりから法人のほうが所得税（法人税）および住民税の額が低くなりました。

◎個人所有と法人所有の比較結果（概算）

単位：円

課税所得	所得税（法人税）・住民税の額			課税所得	所得税（法人税）・住民税の額		
	個人		法人		個人		法人
300万円	502,500	＜	578,050	600万円	1,372,500	＞	1,086,100
400万円	772,500	＞	747,400	700万円	1,674,000	＞	1,255,450
500万円	1,072,500	＞	916,750	800万円	2,004,000	＞	1,424,800

※税額は個々の状況により変わりますのでご注意ください。

2 「大家さんが得をする」上手な経費の使い方

石井先生から教わった「大家さんの経費の使い方」をいくつかご紹介します。なお、詳しくは石井先生の著書『税理士大家さんがコッソリ教える不動産投資のお金の残し方　裏教科書』(ぱる出版)をご参照ください。

🏢 旅費

旅行に行く際には、不動産の視察を兼ねて旅行するのはいかがでしょうか。ただの旅行は経費にできませんが、視察を兼ねるなら経費化することができます。経費として認めてもらうために、視察した物件の写真を撮ったり、不動産業者の名刺をもらっておいたりという証拠を作っておきましょう。

🏢 役員給与／ふるさと納税／iDeCo

役員給与を支払うことで給与所得控除を利用できます。給与所得控除の良いところは、実際にお金が出ていかない経費という点です。役員給与を少し多めに払い、さらに小規模企業共済やふるさと納税、iDeCoを組み合わせることで効率的に節税を図ることができます。

🏢 退職金積立制度
◎小規模企業共済

小規模企業共済は、個人事業主や中小企業経営者の退職金積立制度としての位置づけとして広く利用されています。年間最大85万円まで所得控除できます。退職金として受け取る場合は退職所得、年金受取りなら雑所得となり、税制上の控除枠が設けられています。ただし、個人事業主で賃貸経営をしている場合、事業的規模でないと加入できません。また、給与所得者も加入できませんのでご注意ください。

◎経営セーフティ共済

法人の場合は、経営セーフティ共済のみ節税効果があります。個人でも加入できますが、経費計上できないので節税効果はありません。また、40

か月以上掛けていないと元本割れする仕組みになっているので注意が必要です。なお、経営セーフティ共済を解約する際には、戻ってくるお金が全額利益になるため、役員の退職時に合わせて解約するか、大きな修繕費がある時に解約すると効率的です。

🏠 自宅を経費化

　自宅に法人を登記すれば、自宅のうち法人の事業として利用している部分は経費にすることができます。これにより、自宅家賃の一部を経費にしたり、意外と経費から漏れていることが多いですが、持ち家の固定資産税の一部も経費化できたりします。自宅で使っているインターネットや電話についても、そのほとんどを物件調査や不動産会社とのやり取りに使っているならば、全額経費にすることができます。

🏢 土地建物の取得割合

　土地建物の取得割合は、新築物件を購入する際にはあまり意識しませんが、中古物件を購入する場合は気をつけたいポイントです。購入価格に占める建物の比率が大きいということは、減価償却費を大きく計上できます。土地建物割合の計算は、原則的な計算と特例計算がありますが、できるだけ建物に比重をかけ、その割合を大きくするのがコツです。

◎土地建物取得割合の計算方法

〈原則〉
　🏠 契約書の売買金額の消費税を基に分ける方法
〈特例〉
　　①固定資産税評価額で算出する方法
　　②公示価格で算出する方法
　　③建物の標準的な建築価格表で算出する方法
　　④不動産鑑定評価価格で算出する方法

🏠 修繕費か基本的支出か

　修繕費にかかったすべての費用を単純な経費として処理できるもので
はありません。修繕により耐用年数が増加するケースでは、その費用を
「資本的支出」として扱うことがあります。その判別方法として、形式的基
準やそれを示したフローチャートがあります。会計の分野になるため、ここ
では詳しくは記載しませんが、大家さんの多くにこの決まりに従っただけ
の会計処理が見られます。

　簡単に説明すると下記のようになります。

◎形式的基準による修繕費の判断方法

- 🏠 支出した金額が60万円に満たない場合
- 🏠 支出した金額がその修理、改良等に係る固定資産の前期末における取得
  価格の概ね10％相当額以下の場合

　ほとんどは、これに合致しなければすべて資本的支出として処理して
いるようです。確かに正しい計算方法ではありますが、たいして経費化で
きません。実は、原状回復工事であれば、形式的基準を超える金額でも
全額を修繕費として経費計上することができますので、再度検討してみ
るのもいいでしょう。

③ デッドクロスと対策

　不動産経営をしていると、必ずと言っていいほど出会う現象が「デッド
クロス」です。デッドクロスは、経年とともに「減価償却費（支出を伴わない
経費）」が減り、逆に「元金返済（経費にならない支出）」が増えることで
起こり、そのちょうど交差した地点のことを指します。具体的には、新築か
らしばらくは、多額の経費を計上できるので「キャッシュフロー＞所得」とな
り、お金がたまり税金が安くなって嬉しい状態が続きます。しかし、その後
時間が経つにつれ、賃料収入が減少し、加えて経費計上できる減価償

却費や支払金利も減ることで「キャッシュフロー＜所得」となり、全然手元にお金が残らないのに税金ばかり高くなる悲しい状況が訪れます。

◎デッドクロス

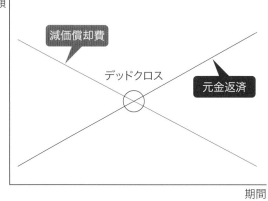

このデッドクロスは珍しいものではなく、どの物件にでも起きることです。そのため、不動産経営ではデッドクロスが将来訪れることを想定し、準備しておく必要があります。備えあれば憂いなしです。しかし、準備を怠り、もしくは、最初からキャッシュフローが少ない物件をつかんでしまったり、または当初のキャッシュフローを浪費してしまったりした人は（意外に多いのですが）、いずれ手元にお金がないのに高額な税金を支払うことになり、キャッシュアウトに陥ります。先を見据えて備えておくことが大切ですね。デッドクロスの対処法には次のようなものがあります。

🏠 デッドクロスの対処法

① 浪費せず、当初のキャッシュフローを蓄積しておく

　これが最も王道です。キャッシュフローが潤沢なうちに蓄積しておけば、その後のデッドクロスを恐れる必要はありません。ただし、最初からキャッシュフローが出ない物件はお金がたまりませんので要注意です。

② 経費の使い方を工夫し、税金を抑える

　減価償却の期間を延ばせばデッドクロスを先送りする効果が得られます。通常、償却期間は法定耐用年数を基準に経過年数を考慮して決めます。この期間を短縮することはできませんが、延ばすことは可能です。そのため、短い期間で減価償却費を使い切るよりも、それ以外の経費をうまく使うことで所得を抑え、その分減価償却の期間を延ばす方法も有効です。

③ 借入金を繰上げ返済する

　借入金を繰上げ返済することで、毎月の元利返済額を下げることができます。これにより「キャッシュフロー<所得」から「キャッシュフロー>所得」に近づけることができます。

④ 借入れの返済期間を延ばす

　借入金の返済期間を延ばすことで、元利返済額を引き下げることができます。これにより「キャッシュフロー<所得」から「キャッシュフロー>所得」に近づけることができます。ただし、キャッシュフローは改善しますが、金利負担と返済総額は増えることに注意が必要です。

⑤ 新たに物件を購入・建築し、減価償却費と金利払いを増やす

　複数の物件を保有する場合、所得の計算は合算して行うことになります。そのため、既存の物件の減価償却費と金利支払い額が減り、デッドクロスが発生する場合、新たに物件を取得し、新たな減価償却費と金利支払いを生じさせることで、元々の物件のデッドクロスを新しい物件で緩和する効果があります。

⑥ 現在の物件を売却する

　そもそも物件を手放せば、デッドクロスも何もありません。ただし、デッドクロスを避けることだけを目的に物件を売却するのはナンセンスかもしれません。

4 | 税の無料相談ができる窓口

　最後に、無料で税金の相談に乗ってもらえる窓口を紹介します。個別の税務相談は税理士に行う必要がありますが、一般的なことは教えてくれるので、ご活用ください。

◎相談窓口

🏛 所轄の税務署
　まずは最寄りの税務署にお電話でご相談してみてください。

🏛 東京税理士会　納税者支援センター：03 - 3356 - 7137
　東京税理士会が設置している無料で税務の相談ができるサービスです。すでに税理士に税務申告を依頼している場合には業務侵害にあたるとのことで相談を受けてくれない場合があります。

🏛 日本税務研究センター　税務相談室：03 - 3492 - 6016
　日本税理士会連合会と連携し、かつ全国税理士共栄会の支援を受けて、電話による税務相談を受け付けています。

　また、民間の不動産会社でも国税庁のホームページよりも見やすいサイトがありますので、検索してみてください。

巻末資料集

1 購入判断エクセルシート
  (Case4 ／ Case5)
2 コンペア式賃料査定表 (Case1)
3 物件調査票 (Case4)
4 ローン返済予定表
5 空室対策とリニューアル投資分析
  (Case3)
6 運営コスト計算書 (Case4)
7 長期修繕計画表
8 不動産経営に必要な用語解説

※ 1～7 までダウンロードできます。
※ 詳細は171pをご覧ください。

1 購入診断エクセルシート

　沢さんがお話しされていたように、「不動産経営の成功は購入時点で決まる」といっても過言ではありません。そのため、購入判断は不動産経営の入口〜保有中〜出口を客観的に数値化して分析し、慎重に行う必要があります。一方で、本当に良い物件はすぐに買い手がついてしまうため、スピーディーに購入判断を行わないといけません。

◎購入判断エクセルシートでできること

　入力項目は23か所（必須21か所、任意2か所）ありますが、入力に慣れると10分〜15分程度で完成できますので、物件を発見した時点で、購入に向けたお話を進めるべきか否かをスピーディーに判断することができます。

- 収益不動産を購入し、その後10年間運営する場合の「純資産の増加額」「収益率」「投資の効率」「投資の安全性」等を数字とグラフで把握できます。

- この投資において、あらかじめご自身が目標設定した純資産増加額や収益率を達成できるか、またはいくらで購入すれば達成できるか「購入すべき物件価格」も算出します。

◎注意点

　数字の分析は不動産経営を成功させる上で最重要であるものの、いくら細かく分析しても完全にはならないといえます。「もっと正確に分析を」と長時間、机上の計算に没頭するよりも、まずは購入の話を進めるべきか否かを10分で判断したほうが合理的といえます。

- 入力項目の数字の設定に要注意。これが見当違いではせっかく、シミュレーションしても正しい購入判断ができません。そこで、この後、各項目の入力の仕方と、シミュレーション結果の見方について解説しています。

- 実際の不動産経営にはさまざまなリスクが潜んでおり、シミュレーションどおりの結果になるとは限りません。そのため、メインのシミュレーションの他に、いくつかストレスをかけたシミュレーションも行いましょう（例：借入金利を高める、空室率や運営費率を高めるなど）。

アートアベニュー　物件購入判断（簡易シート）

薄黄色のセルには条件を入力してください

■1. 物件概要

物件名			
物件価格	100,000,000	表面利回り	8.00%
満室想定賃料	8,000,000	経費率	7.00%
諸経費	7,000,000		

建物構造	木造	法定耐用年数	22
建物竣工年	2020年	築年数	0
本業件成年	2020年	残耐用年数	22
建物比率	60%	土地比率	40%
		標準建築価格（目安・補正なし）	
建物面積（㎡）	200	土地	30,000,000
土地面積（㎡）	150	建物	60,000,000
		合計	90,000,000

■2. 融資条件

LTV	85.0%	借入金額	85,000,000
借入期間	30年	自己資金	22,000,000
借入金利	1.00%	元利年払	3,280,723

■3. 運営

空室率	4.0%	
賃料下落率	1.0%	
運営費率	15.00%	
青色申告特別控除	650,000	
実効税率	30.0% (所得税・法人税)	

■4. 売却時

売却想定（表面利回り）	9.0%	
売却コスト	3.0%	

売却価格		
① 期首売却価格		81,201,533
② 10年間の累積実質増加額		2,436,046
② 目標純資産		20,000,000

減価償却		
建物	30,000,000	0.046
		100.0%
標準建築価格		

トータルコスト		107,000,000
償却率		0.046

元金返済	59,447,049
金利返済	2,645,185
残債	19,318,438

投資のセルフは最後に押すこと

現状のIRR	9.85%
目標のIRR	10.00%
	-1,507,439,841
購入すべき金額	100,000,000

【10年後の純資産の変化】

現在	22,000,000
10年後	42,289,782
増加額	20,289,782
ATCF累計	22,971,344
売買収益	-2,681,562

■キャッシュフローの分析

項目	0年目	1年目	2年目	3年目	4年目	5年目	6年目	7年目	8年目	9年目	10年目
GPI (満室賃料)		8,000,000	7,920,000	7,840,800	7,762,392	7,684,768	7,607,920	7,531,841	7,456,523	7,381,958	7,308,138
空室損		320,000	316,800	313,632	310,496	307,391	304,317	301,274	298,261	295,278	292,326
EGI (実効賃料)		7,680,000	7,603,200	7,527,168	7,451,896	7,377,377	7,303,604	7,230,568	7,158,262	7,086,679	7,015,812
OPEX (運営費)		1,200,000	1,188,000	1,176,120	1,164,359	1,152,715	1,141,188	1,129,776	1,118,478	1,107,294	1,096,221
NOI (営業利益)		6,480,000	6,415,200	6,351,048	6,287,538	6,224,662	6,162,416	6,100,791	6,039,783	5,979,386	5,919,592
ADS (元利支払)		3,280,723	3,280,723	3,280,723	3,280,723	3,280,723	3,280,723	3,280,723	3,280,723	3,280,723	3,280,723
税引前CF		3,199,277	3,134,477	3,070,325	3,006,814	2,943,939	2,881,692	2,820,068	2,759,060	2,698,663	2,638,869
TAX		669,352	657,271	645,459	633,913	622,634	611,620	600,869	590,381	580,154	570,188
①税引後CF		2,529,925	2,477,206	2,424,866	2,372,901	2,321,305	2,270,073	2,219,199	2,168,679	2,118,508	2,068,681

	0年目	1年目	2年目	3年目	4年目	5年目	6年目	7年目	8年目	9年目	10年目
②売買収益	-22,000,000										19,318,438
CF (売買含む)	-22,000,000	2,529,925	2,477,206	2,424,866	2,372,901	2,321,305	2,270,073	2,219,199	2,168,679	2,118,508	21,387,119
CF (売買含む) 累計	-22,000,000	-19,470,075	-16,992,869	-14,568,002	-12,195,101	-9,873,796	-7,603,724	-5,384,525	-3,215,845	-1,097,337	20,289,782

■所得の分析

項目	0年目	1年目	2年目	3年目	4年目	5年目	6年目	7年目	8年目	9年目	10年目
売上		6,480,000	6,415,200	6,351,048	6,287,538	6,224,662	6,162,416	6,100,791	6,039,783	5,979,386	5,919,592
NOI		2,760,000	2,760,000	2,760,000	2,760,000	2,760,000	2,760,000	2,760,000	2,760,000	2,760,000	2,760,000
減価償却費		838,828	814,297	789,519	764,493	739,215	713,883	687,895	661,847	635,538	608,965
金利返済額		650,000	650,000	650,000	650,000	650,000	650,000	650,000	650,000	650,000	650,000
青色申告控除		2,231,172	2,190,903	2,151,529	2,113,045	2,075,447	2,038,733	2,002,897	1,967,936	1,933,848	1,900,627
税引前所得		669,352	657,271	645,459	633,913	622,634	611,620	600,869	590,381	580,154	570,188
税引後所得		1,561,820	1,533,632	1,506,070	1,479,131	1,452,813	1,427,113	1,402,028	1,377,555	1,353,693	1,330,439

	0年目	1年目	2年目	3年目	4年目	5年目	6年目	7年目	8年目	9年目	10年目
元金返済		2,441,895	2,466,426	2,491,204	2,516,230	2,541,508	2,567,040	2,592,828	2,618,876	2,645,185	2,671,758
金利返済		838,828	814,297	789,519	764,493	739,215	713,883	687,895	661,847	635,538	608,965
残債	85,000,000	82,558,105	80,091,679	77,600,475	75,084,245	72,542,737	69,975,697	67,382,868	64,763,992	62,118,807	59,447,049

【投資の効率】

	現在	10年後
K%		3.86%
FCR		5.53%
CCR		11.99%
PB		8.3
	-289,782	
	ポジティブ	ポジティブ
レバレッジ		ポジティブ

【投資の安全性】

	現在	10年後
DSCR	1.98	1.80
LTV	85.00%	73.21%
BE%	56.01%	59.89%
債務償還年数	19.67	

● 購入判断エクセルシートの使い方

1 入力の仕方

①～㉓の部分に記入するだけで、シートが完成します。

■1. 物件概要

物件名	①				

物件価格	②	100,000,000				
満室想定賃料	③	8,000,000	表面利回り	8.00%		
諸経費	④	7,000,000	経費率	7.00%	トータルコスト	107,000,000

建物構造	⑤	木造	法定耐用年数	22	償却率	0.046
建物竣工年	⑥	2020年	築年数	0		
本書作成年	⑦	2020年	耐用年数	22	現価率	100.0%

建物比率	⑧	60%	土地比率	40%

■積算価格（目安：補正なし）

建物面積（㎡）	⑨	200	標準建築価格	150,000
土地面積（㎡）	⑩	150	路線価	⑪	200,000

建物	30,000,000
土地	30,000,000
合計	60,000,000

① 物件名：何でもよいので自分が分かる部件名を記入します。
　　例：○○駅10分木造アパート
② 物件価格：実際の購入金額（諸経費を除く物件価格）の数字を入力します。
③ 満室想定賃料：年間の満室想定賃料収入（賃料×戸数×12か月）の数字を入力します。
④ 諸経費：物件取得にかかる諸経費を入力。諸経費は、不動産取得税、登録免許税・仲介手数料等。詳細が不明な場合は、概算で新築物件は物件価格の5％、中古物件は物件価格の7％とします。
⑤ 建物構造：プルダウン式で、木造～RC造から選択します。これにより、法定耐用年数や償却率等が自動で計算されます。
⑥ 建物竣工年：建物が竣工した年を西暦で入力します。
⑦ 本書作成年：分析時点の西暦を入力します。これにより、築年数や現価率が自動で計算されます。
⑧ 建物比率：物件価格に占める土地と建物の比率を入力します。これにより、減価償却費が自動で計算されます。
⑨ 建物面積：建物の延床面積を入力します。
⑩ 土地面積：土地の面積を入力する。積算価格の計算に利用しています。
⑪ 路線価：相続税路線価を入力する。相続税路線価はWEBサイト「全国地価マップ」を利用すると簡単に調べることができます。

■2. 融資条件

LTV	⑫	85.0%	借入金額	85,000,000	自己資金	22,000,000
借入期間	⑬	30年				
借入金利	⑭	1.00%	元利支払	3,280,723	10年後残債	59,447,049

⑫ LTV：融資を利用する場合、物件価格に占める融資比率を入力します。
例えば、物件価格1億円で8,500万円を借り入れる場合、ここに85%と入
力します。

⑬ 借入期間：融資の借入期間を年数で入力します。

⑭ 借入金利：融資の借入金利を％で入力します。

■3. 運営

空室率	⑮	4.0%
賃料下落率	⑯	1.0%

運営費率	⑰	15.00%	
青色申告特別控除	⑱	650,000	
実効税率	⑲	30.0%	(所得税・法人税)

⑮ 空室率：運営期間中の平均空室率を入力します。一般的に東京圏の物件の
場合は5％前後ですが、エリアや築年数その他でかなり開きがあります。
ご自身で判断が難しい場合は、不動産会社などにヒアリングすることをお
すすめします。

⑯ 賃料下落率：1年あたりの賃料下落率を入力します。東京都内は年平均
0.7％、それ以外は年平均1.0％と言われますが、これもエリアや物件によ
り異なります。ご自身で判断が難しい場合は、不動産会社などにヒアリン
グすることをおすすめします。

⑰ 運営費率：満室想定賃料に対する運営費の割合。一般的に1棟物件では
15〜22％、区分マンションでは22〜24％程度とされますが、物件によっ
て異なります。P.101〜103の解説等を参考にしてみましょう。

⑱ 青色申告特別控除：所得の計算に反映され、TAX(税)に影響します。青
色申告をしている場合は10万円から最大で65万円が所得控除できます。

⑲ 実効税率：所得税と住民税の実効税率を入力します。デフォルトは30％
ですが、個人か法人か、また所得金額その他条件によりそれぞれ異なります。

■4. 売却時

売却時表面利回り ⑳	9.0%
売却コスト ㉑	3.0%

予想売却額	81,201,533
売却コスト	2,436,046
残債	59,447,049
売却益	19,318,438

【目標設定:①期待する収益率、②10年間の純資産増加額】

①目標IRR ㉒	10.0%	②目標純資産 ㉓	20,000,000

⑳ 売却時表面利回り：購入10年後に売却する場合の表面利回りを想定します。これにより期間全体の収益率（IRR）や純資産増加額が確定します。とはいえ、将来の利回りは誰にも分からず、正確な予測はできません。一般的には現在の利回りと同じか、それよりも少々ストレスをかけ、利回りを高く設定し、売却価格を引き下げて試算します。

例：現在の表面利回り8％の場合、売却時表面利回りを8.5%〜9.0%とします。

㉑ 売却コスト：10年後に売却する場合の諸経費を入力します。仲介手数料相当額で3％程度。

㉒ 目標IRR：任意入力項目。投資期間（10年間）全体での収益率の目標を入力します。これにより、シミュレーション結果がその目標を達成しているか否か、また目標を達成するためには、いくらで物件を購入するべきなのかが分かります。

㉓ 目標純資産：任意入力項目。10年後の純資産増加額の目標を入力します。これにより、シミュレーション結果がその目標を達成しているか否か、また目標を達成するためには、いくらで物件を購入するべきなのかが分かります。

②結果の見方

シミュレーションの結果は、シート右側にある、キャッシュフローの分析、所得の分析、IRR（収益率）、10年後の純資産の変化、投資の効率、投資の安全性で確認することができます。

◎キャッシュフローの分析

1年目から10年目のキャッシュフロー計算書（C/S）です。0年目とは購入時点を指します。

■キャッシュフローの分析

西暦	0年目	1年目	2年目	3年目	4年目	5年目	6年目	7年目	8年目	9年目	10年目
GPI(満室賃料)		8,000,000	7,920,000	7,840,800	7,762,392	7,684,768	7,607,920	7,531,841	7,456,523	7,381,958	7,308,138
空室損		320,000	316,800	313,632	310,496	307,391	304,317	301,274	298,261	295,278	292,326
EGI(実効賃料)		7,680,000	7,603,200	7,527,168	7,451,896	7,377,377	7,303,604	7,230,568	7,158,262	7,086,679	7,015,812
OPEX(運営費)		1,200,000	1,188,000	1,176,120	1,164,359	1,152,715	1,141,188	1,129,776	1,118,478	1,107,294	1,096,221
NOI(営業利益)		6,480,000	6,415,200	6,351,048	6,287,538	6,224,662	6,162,416	6,100,791	6,039,783	5,979,386	5,919,592
ADS(元利支払)		3,280,723	3,280,723	3,280,723	3,280,723	3,280,723	3,280,723	3,280,723	3,280,723	3,280,723	3,280,723
税引前CF		3,199,277	3,134,477	3,070,325	3,006,814	2,943,939	2,881,692	2,820,068	2,759,060	2,698,663	2,638,869
TAX		669,352	657,271	645,459	633,913	622,634	611,620	600,869	590,381	580,154	570,188
(1)税引後CF		2,529,925	2,477,206	2,424,866	2,372,901	2,321,305	2,270,073	2,219,199	2,168,679	2,118,508	2,068,681
(2)売買収益	-22,000,000										19,318,438
CF(売買含む)	-22,000,000	2,529,925	2,477,206	2,424,866	2,372,901	2,321,305	2,270,073	2,219,199	2,168,679	2,118,508	21,387,119
CF(売買含む)累計	-22,000,000	-19,470,075	-16,992,869	-14,568,002	-12,195,101	-9,873,796	-7,603,724	-5,384,525	-3,215,845	-1,097,337	20,289,782

◎所得の分析

1年目から10年目の損益計算書(P/L)です。ここで概算のTAX(税)を算出しています。

■所得の分析

西暦	0年目	1年目	2年目	3年目	4年目	5年目	6年目	7年目	8年目	9年目	10年目
NOI		6,480,000	6,415,200	6,351,048	6,287,538	6,224,662	6,162,416	6,100,791	6,039,783	5,979,386	5,919,592
減価償却費		2,760,000	2,760,000	2,760,000	2,760,000	2,760,000	2,760,000	2,760,000	2,760,000	2,760,000	2,760,000
金利返済		838,828	814,297	789,519	764,493	739,215	713,683	687,895	661,847	635,538	608,965
青色申告控除		650,000	650,000	650,000	650,000	650,000	650,000	650,000	650,000	650,000	650,000
税引前所得		2,231,172	2,190,903	2,151,529	2,113,045	2,075,447	2,038,733	2,002,897	1,967,936	1,933,848	1,900,627
TAX		669,352	657,271	645,459	633,913	622,634	611,620	600,869	590,381	580,154	570,188
税引後所得		1,561,820	1,533,632	1,506,070	1,479,131	1,452,813	1,427,113	1,402,028	1,377,555	1,353,693	1,330,439
元金返済		2,441,895	2,466,426	2,491,204	2,516,230	2,541,508	2,567,040	2,592,828	2,618,876	2,645,185	2,671,758
金利返済		838,828	814,297	789,519	764,493	739,215	713,683	687,895	661,847	635,538	608,965
残債	85,000,000	82,558,105	80,091,679	77,600,475	75,084,245	72,542,737	69,975,697	67,382,868	64,763,992	62,118,807	59,447,049

◎現状のIRR、目標のIRR

現状のIRRは、この投資の期間全体(10年間)の収益率。目標のIRRは、入力項目㉒で設定した収益率の目標です。この投資が収益率の目標を達成しているかを判断します。また、未達成の場合はその下にある「ボ

現状のIRR	9.85%
目標のIRR	10.00%
	-1,507,439,841
購入すべき金額	100,000,000

ボタン1

タン1」をクリックします。このボタンにはエクセルの機能をマクロで組んでありますので、ボタンを押すことで、目標を達成するための物件購入金額を自動計算します。物件価格(セルB9)の値が変化するはずです。

※マクロのボタンは、入力項目が済み、シミュレーションが完成してからご利用ください。
※エクセルの設定で「マクロを有効」にしてご利用ください。
※マクロが壊れやすいので、うまく動かなくなった場合は再度エクセルをダウンロードしてご利用ください。

◎中間分析

購入判断エクセルシートの2番目以降のシートはCase5で紹介した中間分析選択肢1～3で使用したものです。

◎10年後の純資産の変化

　バランスシート(B/S)を分析しています。現在の純資産と、この投資によって10年間で変化した純資産が表示されています。その差異が増加額(ATCF累計と売買収益は内訳)です。不動産経営の目的は、将来の純資産を増やす(守る)こと。そのため、この数字こそが最も重要な指標と言えます。「ボタン2」は、入力項目㉓で目標設定した純資産増加額の目標を達成する「物件価格」を自動計算します。物件価格(セルB9)の値が変化します。

【10年後の純資産の変化】

現在	22,000,000
10年後	42,289,782

増加額	20,289,782
ATCF累計	22,971,344
売買収益	−2,681,562

ボタン 2

◎投資の効率・投資の安全性

　上記の収益率や純資産増加額が目標を達成しているとしても、運営中は効率よく安全に運営を継続できないといけません。ここでは、運営期間中の効率と安全性を分析します。

　それぞれの用語の意味と一般的な目安は⑧用語解説をご覧ください。

【投資の効率】

	現在	10年後
k%	3.86%	3.86%
FCR	6.06%	5.53%
CCR	14.54%	11.99%
PB	6.9	8.3
レバレッジ	ポジティブ	ポジティブ

【投資の安全性】

	現在	10年後
DSCR	1.98	1.80
LTV	85.00%	73.21%
BE%	56.01%	59.89%
債務償還年数	19.67	

◎結果をグラフで見える化

　シートの下にあるグラフは上記のシミュレーションの結果を見やすくしたものです。

2 コンペア式賃料査定表

コンペア式賃料査定表

査定の仕方
各アイテム毎に査定物件が、類似物件と対比して、優れている場合にはその分のプラス（＋）評価の賃料（千円単位）を、劣っているときはマイナス（－）の賃料を記入する。
また、評価は各アイテム単位で行なうものとする。その結果、プラス（マイナス）評価が続いた場合に、賃料が常識以上にアップ／ダウンしてしまうからといって、各アイテム
評価の段階では評価の調整はしないにこと。あくまで、合計調整は最後に一括して行なう。

※本文で紹介した表とは異なる場合がございます。

　Case1でも紹介したように、「コンペア式賃料査定表」を用いて、類似物件との比較により対象物件の賃料を論理的に推測します。この査定方法は、AI査定のような手軽さはありませんが、賃料に影響を与える項目（ここではアイテムと呼んでいます）をたくさん拾いますので、より精度の高い賃料を査定することができます。実際にこの方法で賃料査定をしている弊社は、賃料査定をした物件の90％以上が、誤差±3％以内で成約できています。

〈1 類似物件の選定〉

　エリア（最寄り駅からの距離）、建物構造、広さ、主要設備といった家賃を決める大きな要因によって類似物件を絞り込み、その情報を集めます。比較物件が少ないと査定金額がブレやすくなりますので、5物件程度は比較したいものです。また、一般的な物件を査定するならば、高級分譲賃貸やデザイナーズといった極端な事例は避けたほうがよいです。

〈2 コンペアシート：アイテムの入力〉

　査定表にある5大カテゴリー（①物件②間取り③立地・環境④設備⑤募集条件）に属するアイテムごとに、類似物件と比較して購入物件の賃料差を記入していきます。最も肝心なのは、アイテムごとの賃料差をいくらにするかです。弊社では、築年数1年毎に0.7％、駅までの徒歩分数1分毎に0.7％、収納1間（1.8ｍ）で2,000円程度、ウォークインクローゼットならば3,000円程度、インターネット無料で2,000円程度（これらはエリアや物件タイプにより異なる場合があります）という具合に、これまでの実績に基づいた一定の基準を設けています。こうして求めたアイテムごとの賃料差の合計と類似物件の賃料と合わせることで、購入物件の賃料を算出します。

〈3 調整を加えて査定完了〉

　注意が必要なのは、アイテムごとの賃料差を加減していく計算方法であるため、購入物件のプラス（またはマイナス）の賃料差が続くと、結果が相場からかけ離れたものになってしまう点です。そのため、最後に調整値を加減する必要があります。念のためもう一度、査定賃料がエリアの相場から外れていないかどうか、あらためて査定賃料と現在の募集相場とを並べてバランスを確認して査定完了です。

3 物件調査票

【周辺環境】【共用部】

No	項目	主に確認する内容	判断
1	駅からの通り	通りの寂しさ、街灯の多さ、交通量・騒音	
2	近隣の建物	嫌悪施設、臭い・音・土壌汚染など	
3	境界	境界標の有無、確定測量の有無、セットバック	
4	道路付け	前面道路幅員、間口、私道の承諾など	
5	ゴミ置き場	集積場か個別回収か、場所、容量、マナー	
6	駐車場・駐輪場	放置車両、不陸・白線・柵の状況	
7	基礎	クラック、不同沈下、水染み跡、鉄筋の露出	
8	外壁	傾き、傷み、水染み跡、目地、修繕履歴	
9	屋根	防水や塗装の状況、ドレン、修繕履歴	
10	外部金物等	ドレン、雨樋の傷み、清掃状況、修繕履歴	
11	エントランス	メールボックス、ドアヒンジ、エントランスの色気	
12	共用廊下	私物の放置、側溝、清掃、管理状況	
13	共用階段・手摺	鉄部の錆・腐食、柵の傷み・破損等	
14	設備の状況	給水ポンプ、給湯器、エアコン、消火器	
15	法定点検	消防、貯水槽等の法定点検の必要性と金額	
16	自主点検	清掃、植栽管理等の自主点検の必要性と金額	

【専有部】

No	項目	主に確認する内容	判断
1	天井・壁	傾き、たわみ、水染み跡、クロスの剥がれ	
2	床	傾き、床鳴り、フローリングの状態、床のたわみ	
3	収納	広さ、水染み跡、押入→クローゼットにするか	
4	建具・サッシ	建付けに問題があるか、割れ・傷みなど	
5	間取り可変性	広さ、間取りの自由度、収納や設備の大きさ等	
6	床下点検口	湿気、水染み跡、蟻道など	
7	天井点検口	湿気、鉄部の錆、水染み跡、界壁など	
8	換気扇	異音、吸引力	
9	キッチン	大きさ、水栓のぐらつき、配水管の接続、水染み跡	
10	トイレ	温水洗浄便座のコンセントがあるか	
11	洗面所	洗濯機置き場、独立洗面台の有無、床のたわみ	
12	風呂	入り隅・目地の状況、錆び・腐食、トラップ、水栓等	
13	エアコン・給湯器	年数、大きさ、臭い、リモコンの有無	
14	その他設備	インターホン、火災報知器、照明器具などの状況	

【持ち物】

No	項目	備考	必要性
1	販売図面		★★★
2	レントロール		★★★
3	カメラ	スマホでもOK	★★★
4	一脚	屋根など高所の撮影に便利	★★★
5	ペンとメモ帳		★★★
6	クリップボード		★★★
7	スマホ	カメラ、LEDライト、水平器、メモ等に使えるので便利	★★★
8	軍手とタオル	汚れを拭く以外にも、脚立の足に履かせるなど	★★★
9	スケール（メジャー）	5.5m以上がおすすめ（道路幅などを測りやすい）	★★★
10	クラックスケール	クラックの太さを測る。0.5mm以上は要確認	★★
11	クラック深ゲージ	クラックの深さを測る。20mm以上は要注意	★★
12	打診棒	タイル等の浮きを確認。乾いた音に変わる部分が浮き	★★
13	水平器		★★
14	脚立	3段までの小さいものが良い（室内利用では大きいと不便）	★★
15	ファイバースコープ	天井裏・床下など、狭いところの点検に	★★
16	赤外線カメラ	漏水調査等に	★

※本文で紹介した表とは異なる場合がございます。

　机上の計算で合格点だとしても、不動産の良し悪しは実際に物件を見てみないと判断できません。この表は、物件調査の主なポイントです。

4 ローン返済予定表

【返済予定表】元利均等払

借入条件	借入期間	25年	返済回数	300回
	借入金利（年利）	1.50%	支払金額（毎月）	¥287,954
	借入金額	¥72,000,000	支払金額（毎年）	¥3,455,450

累計	支払総額	¥86,386,246	金利負担総額	¥14,386,246

月度1	¥287,954	¥197,954	¥90,000	¥71,802,046
月度2以降	¥287,954	¥198,202	¥89,753	¥71,603,844

支払月度	銀行返済額	うち元金支払	うち金利支払	借入残高
1	287,954	197,954	90,000	71,802,046
2	287,954	198,202	89,753	71,603,844
3	287,954	198,449	89,505	71,405,395
4	287,954	198,697	89,257	71,206,697
5	287,954	198,946	89,008	71,007,752
6	287,954	199,194	88,760	70,808,557
7	287,954	199,443	88,511	70,609,114
8	287,954	199,693	88,261	70,409,421
9	287,954	199,942	88,012	70,209,479
10	287,954	200,192	87,762	70,009,286
11	287,954	200,443	87,512	69,808,844
12	287,954	200,693	87,261	69,608,151
13	287,954	200,944	87,010	69,407,207
14	287,954	201,195	86,759	69,206,012
15	287,954	201,447	86,508	69,004,565
16	287,954	201,698	86,256	68,802,866
17	287,954	201,951	86,004	68,600,916
18	287,954	202,203	85,751	68,398,713
19	287,954	202,456	85,498	68,196,257
20	287,954	202,709	85,245	67,993,548
21	287,954	202,962	84,992	67,790,586
22	287,954	203,216	84,738	67,587,370
23	287,954	203,470	84,484	67,383,900
24	287,954	203,724	84,230	67,180,176
25	287,954	203,979	83,975	66,976,197
26	287,954	204,234	83,720	66,771,963
27	287,954	204,489	83,465	66,567,474
28	287,954	204,745	83,209	66,362,729
29	287,954	205,001	82,953	66,157,728
30	287,954	205,257	82,697	65,952,471
31	287,954	205,514	82,441	65,746,958
32	287,954	205,770	82,184	65,541,187
33	287,954	206,028	81,926	65,335,160
34	287,954	206,285	81,669	65,128,874
35	287,954	206,543	81,411	64,922,331
36	287,954	206,801	81,153	64,715,530

【返済予定表】元金均等払

借入条件	借入期間	25年	返済回数	300回
	借入金利（年利）	1.50%	支払金額（初月）	¥330,000
	借入金額	¥72,000,000	支払金額（初年）	¥3,940,200

累計	支払総額	¥85,545,000	金利負担総額	¥13,545,000

月度1	¥330,000	¥240,000	¥90,000	¥71,760,000
月度2以降	¥329,700	¥240,000	¥89,700	¥71,520,000

支払月度	銀行返済額	うち元金支払	うち金利支払	借入残高
1	330,000	240,000	90,000	71,760,000
2	329,700	240,000	89,700	71,520,000
3	329,400	240,000	89,400	71,280,000
4	329,100	240,000	89,100	71,040,000
5	328,800	240,000	88,800	70,800,000
6	328,500	240,000	88,500	70,560,000
7	328,200	240,000	88,200	70,320,000
8	327,900	240,000	87,900	70,080,000
9	327,600	240,000	87,600	69,840,000
10	327,300	240,000	87,300	69,600,000
11	327,000	240,000	87,000	69,360,000
12	326,700	240,000	86,700	69,120,000
13	326,400	240,000	86,400	68,880,000
14	326,100	240,000	86,100	68,640,000
15	325,800	240,000	85,800	68,400,000
16	325,500	240,000	85,500	68,160,000
17	325,200	240,000	85,200	67,920,000
18	324,900	240,000	84,900	67,680,000
19	324,600	240,000	84,600	67,440,000
20	324,300	240,000	84,300	67,200,000
21	324,000	240,000	84,000	66,960,000
22	323,700	240,000	83,700	66,720,000
23	323,400	240,000	83,400	66,480,000
24	323,100	240,000	83,100	66,240,000
25	322,800	240,000	82,800	66,000,000
26	322,500	240,000	82,500	65,760,000
27	322,200	240,000	82,200	65,520,000
28	321,900	240,000	81,900	65,280,000
29	321,600	240,000	81,600	65,040,000
30	321,300	240,000	81,300	64,800,000
31	321,000	240,000	81,000	64,560,000
32	320,700	240,000	80,700	64,320,000
33	320,400	240,000	80,400	64,080,000
34	320,100	240,000	80,100	63,840,000
35	319,800	240,000	79,800	63,600,000
36	319,500	240,000	79,500	63,360,000
37	319,200	240,000	79,200	63,120,000
38	318,900	240,000	78,900	62,880,000
39	318,600	240,000	78,600	62,640,000
40	318,300	240,000	78,300	62,400,000
41	318,000	240,000	78,000	62,160,000
42	317,700	240,000	77,700	61,920,000
43	317,400	240,000	77,400	61,680,000
44	317,100	240,000	77,100	61,440,000
45	316,800	240,000	76,800	61,200,000
46	316,500	240,000	76,500	60,960,000

　毎月支払う返済額が一定となる元利均等払と、毎月支払う返済額のうち、元金の額が一定となる元金均等払の計算に使える表です。

5 空室対策とリニューアル投資分析

■空室対策の分類

	種別	メリット	デメリット	利用シーン
1	大規模なリニューアル工事 例：フルリノベーション	物件の価値を大きく改善できる 効果が持続する	費用が沢山かかる	長期的かつ大きな効果を期待する。資料を大幅に引き上げたい。
2	小規模なリニューアル工事 例：人気設備導入	物件の価値をやや改善できる 効果が持続する	費用がある程度かかる	効果の継続に期待。資料を維持またはやや上昇させたい。
3	キャンペーンによる入居促進 例：春の学生向け○○	スピーディに取り組める	効果が一度きりで、募集のたびに費用が掛かる	即効性を期待する。繁忙期の募集で、募集期間に余裕がない。
4	賃料以外の条件改定で入居促進 例：ペット飼育可	お金がかからない。条件によっては賃料も上げられる。効果が持続する。	トラブルに注意。内容次第で、住環境が悪化したり、既存入居者から苦情がでる場合がある。	お金をかけずに満室にしたい。 お金をかけずに賃料を上げたい。
5	賃料を下げる	少なくとも、空室が埋まる	収入が減る	そもそも空室対策とは言えないが、他にやれることがない場合の選択
6	その他の戦略 例：モデルルーム、DIY賃貸	多種多様なバリエーションがある。立地や物件の特性を生かし、特定のターゲットに強く訴求。	手間がかかる場合が多い。 外すと全く効果が出ない。 困った入居者を掴むことも。	物件の特性を上手に引き出せるかによる。

■物件再生・リニューアル工事の分類

	専有部	共用部
費用（大）	・リノベーション工事 ・間取り変更 ・水廻り設備のリニューアル	・大規模なリニューアル工事 ・高額な設備の導入（交換） 　例：オートロックの導入等
費用（小）	・小規模なリノベーション工事 ・少額で済む設備の導入（交換）	・小規模なリニューアル工事 ・少額で済む設備の導入

※本文で紹介した表とは異なる場合がございます。

　Case3でご紹介したように、空室対策は、保有中に考えるべき重要なことです。また、その一環としてリニューアル工事をすることもあります。そうした場合にこの表を活用してみましょう。

6 | 運営コスト計算書

■運営コスト計算書

満室想定賃料収入（年額）	4,320,000	戸数	8

No.	項目	おおまかな目安	月額	年額	運営費率
1	共用電気・水道代	1戸月額300円	2,400	28,800	0.7%
2	清掃費用	1回5000円前後	5,000	60,000	1.4%
3	消防点検費用		3,167	38,000	0.9%
4	その他該当BM費用（右図参照）		0	0	0.0%
5	管理費用（賃貸管理会社へ支払う）	賃料収入3〜5%	18,000	216,000	5.0%
6	管理費用（区分MSのみ）	販売会社に要確認	0	0	0.0%
7	修繕積立金（区分MSのみ）	販売会社に要確認	0	0	0.0%
8	入居者募集にかかる広告費	広告費1ヵ月＝月額賃料2%程度	7,200	86,400	2.0%
9	退去時にかかる原状回復工事費用	賃料の築浅2%〜築古4%	7,200	86,400	2.0%
10	固定資産税・都市計画税	販売会社に要確認	30,000	360,000	8.3%
	合計		72,967	875,600	20.3%

※本文で紹介した表とは異なる場合がございます。

　Case4でご紹介したように、運営コストを試算することは、購入を見極めるひとつの判断材料になります。

7 長期修繕計画表

○○マンション長期修繕計画表

工事項目		工事区分	修繕周期	費用	2021 1年目	2022 2年目	2023 8年目	2024 9年目	2025 10年目	2026 11年目	2027 12年目
建物	**防水**										
	屋上防水	保護	年								
		改修	年								
	バルコニー床防水	改修	年								
	開放廊下・階段等床防水	改修	年								
	外壁塗装等										
	足場等仮設費	仮設	年								
	外壁塗装	塗替	年								
	廊下内壁塗装	塗替	年								
	タイル張替え・補修	補修	年								
	シーリング	打替	年								
	鉄部塗装等										
	鉄骨階段・手すり	塗替	年								
	鉄部とびら	塗替	年								
	その他鉄部	塗替	年								
設備	**給水設備**										
	給水・給湯管	取替	年								
	受水槽	取替	年								
	給水ポンプ	修理	年								
		取替	年								
	排水設備										
	排水管	取替	年								
	排水ポンプ	修理	年								
		取替	年								
	ガス設備										
	ガス管	取替	年								
	共用設備										
	消防設備	取替	年								
	自動ドア	取替	年								
	自家用工作物	取替	年								
	エレベーター	修理	年								
		取替	年								
	金物類(集合郵便受等)	取替	年								
	金物類(メーターボックス等)	取替	年								
外構	**外構・附属施設**										
	外構	補修、取替	年								
	ゴミ庫	補修、取替	年								
	機械式駐車場	補修	年								
		取替	年								
	駐輪場	補修、取替	年								
①工事費　年度合計											
②積立金　年度合計					0	0	0	0	0	0	0
③積立金残高					0	0	0	0	0	0	0

　Case4のように、保有中に考えるべきコストのうち、長期修繕のためのコストも頭に入れておかないといけません。そのもとになるのが、この長期修繕計画表です。

ここでは、不動産経営をするにあたり、よく出てくる用語を解説します。

表面利回り（グロス利回り）（＝満室想定賃料収入÷物件価格）

想定する家賃収入の最大値（100%稼働時）を物件価格で割って求めた表面的な利回り。

NOI利回り（ネット利回り）（＝NOI÷トータルコスト）

満室想定賃料収入から、空室損失や運営費等を控除したNOI（純収益）を物件購入総額で割って求めた実質的な利回り。

積算価格（土地の評価額＋建物の評価額）

土地の評価は、路線価や公示価格に土地の面積を掛けて算出。建物は標準的な建築価格に面積を掛け、耐用年数を考慮して算出。

公示価格と路線価の関係

土地の価値を求める上で指標にするのが、公示価格や路線価。公示価格を100%とすると、相続税路線価が80%、固定資産税路線価が70%相当とされる。いずれかが分かれば、公示価格＝相続税路線価÷80%＝固定資産税路線価÷70%と概算できる。

IRR（内部収益率）

投資に対する、将来のキャッシュフローの現在価値の累計額と、投資額の現在価値の累計額が等しくなる場合の割引率。言い換えると、投資期間全体での収益率。

GPI / Gross Potential Income（満室想定賃料収入）

想定する賃料で1年間100%稼働する場合の、想定かつ最大の賃料収入。

EGI / Effective Gross Income（実効賃料収入）

GPIから空室損失や滞納未収金等を引いた、実際に得られる賃料収入。

OPEX / Operating Expenses（運営費）

物件運営に必要なランニングコスト（共用電気、水道代、清掃費用、法定点検費用、修繕費、原状回復工事費用、広告費、管理費、固定資産税・都市計画税、火災保険料など）の合計。

NOI / Net Operating Income（純収益）

EGIからOPEXを引いたもの。実質的な収入（ネットの収入）。物件そのものの収益力はこの「NOI」で測ることができるため重要な指標。

ADS / Annual Dept Seavice（年間の元利金支払）

借入金の返済金額。元金返済＋金利返済。

税引前 / 税引後キャッシュフロー(Before Tax Cash Flow / After Tax Cash Flow)

NOIからADSを引いたものが税引前キャッシュフロー（BTCF）、さらにTAX（税金）を引いたものが税引後キャッシュフロー（ATCF）。

k%（ローン・コンスタント）（=ADS÷借入金額）

借入金額に対する返済額の割合を表す。貸し手（銀行側）から見た単年度利回りともいえる。借入期間と金利により決まる。借入期間が長い（借入金利が低い）ほうが、k%は下がる。

FCR（=NOI÷トータルコスト）

冒頭のNOI利回りと同じ。

CCR / Cash-on-Cash Return（自己資金利回り）（=BTCF÷自己資金）

　純粋に投資した「自己資金」に対して、いくらのキャッシュフローが生まれたかを表す。

PB / Payback（自己資金回収）（=自己資金÷BTCF）

　投資した自己資金を何年間で回収できるのかを表す。計算式はCCRの逆となる。

レバレッジ（k%<FCRはポジティブ、k%>FCRはネガティブ）

　てこの原理のこと。「ポジティブ」の場合、正のレバレッジが働いていることになる。レバレッジが正に働くと、借入れによって投資効率が高まっており、CCRも上昇する。

DSCR / Dept Service Coverage Ratio（=NOI÷ADS）

　返済額に対する収益の余裕度を見る指標で、一般的に1.3以上が必要で、1.5以上あれば余裕があるとされる。

LTV/ Loan to Value　（負債比率）（=借入金額÷物件価格）

　物件価格に占める借入金額の割合を表す。一般的に80%以下が安全圏と言われる。ただし、フルローン（LTV100%）でも、別途余剰資金が十分にあるなら問題はない。

BE% / Break Even（損益分岐）{=（OPEX+ADS）÷GPI}

　どんな時でも支払いが必要な「運営費+借入返済」が、満室想定賃料に占める割合を表す。一般的は70%以下が安全とされる。

債務償還年数（=借入金額÷（税引後利益+減価償却費））

　現在のキャッシュフローで、借入金を何年間で完済できるかを表す。不動産経営では20年以内を目指すことが良いとされている。

ボリュームチェック

　敷地にかかる法的な規制を調査し、その敷地にどれくらいの延床面積の建物が建つのかを検討すること。

高度地区

　市街地の環境を維持し、土地利用の増進を図るために、建築物の高さに制限が設けられている地区のこと。

おわりに

　株式会社アートアベニューという賃貸管理会社を設立して四半世紀が経ちましたが、その間いろいろな「大家さん」とお付き合いをしてきました。弊社に賃貸管理をお任せいただいている大家さんは現在約1,000人いらっしゃいます。また、直接賃貸管理をお任せいただいていなくてもその他のお仕事のお付き合いのある大家さんもたくさんいらっしゃいます。

　今回、その中からプロ中のプロの7人の「**すごい大家さん**」にご登場いただきました。7人の大家さんは、それぞれ人生の背景が違い、不動産へのアプローチの仕方にも差異や特徴があります。「不動産経営」と一口に言っても、いろいろなパターンがあることをご理解いただけるのではないかと思います。

　この本は、弊社のエグゼクティブ・コンサルタントである片平が1年以上をかけてプロ大家さんに取材し、まとめました。濃い内容になったと思います。すべて「実例(リアル)」であり成功している方のお話ですので、我々もためになりました。数々の不動産経営のノウハウは無論ですが、印象に残ったのは「元祖カリスマ大家さん」の沢孝史さんのいう「金言2」「**人に任せるところは任せ、自分の得意分野を生かして人生を豊かにする**」です。沢さんは大変明るくフレンドリーな方であり、信頼できる方。今回の7人の大家さんに共通しているのは、我々管理会社のスタッフと信頼関係を築いて良いコミュニケーションを取っていらっしゃるということです。「上手くいっている方は人の使い方も上手い」と感じます。また、沢さんのおっしゃるとおり、不動産経営は自分の人生を豊かにするための「手段」であり、「目的」になってしまってはいけないということを強く感じました。

　本書で、皆様の不動産経営に、そして「豊かな人生」に少しでもお役に立てれば幸いです。

2021年6月吉日

株式会社アートアベニュー　代表取締役　藤澤雅義

取材を終えて

　インタビューと解説を担当しました片平智也と申します。実は、私が一番、この本をきっかけに成長した一人として、読者の方々に強くおすすめしたい気持ちでいっぱいです。なぜなら、「人生100年時代」、私自身も将来への不安があり、これを払拭すべく「いつかは不動産経営を」と考えていたからです。それまでの私は、仕事柄ある程度の知識はあったものの、逆に目が肥えてしまい、いざ自分ごとになると過剰に慎重になったり、弱点がない完璧な物件（そんなものは実在しませんが）を追い求めていたりしました。また、欲張って自分の力量を超える融資を希望して銀行審査が通らないこともしばしば……。時間だけが過ぎていました。

　しかし、弊社で本を出すことになり、その担当になったことがきっかけで、取材を始めた2019年末から本書が完成するまでの1年半、大家さんへインタビューするうちに、不動産経営の成功のポイントがわかるようになりました。これらが転機となり、2020年1月からは本腰を入れて収益不動産を探し、金融機関もたくさん訪ねました。通勤時間は毎日スマホで物件探し、休日は物件見学と収益分析の繰り返し。それでも、なかなか物件を手にすることができず、失意の日々が続きました。しかし、7人の大家さんから教わったことをひとつずつ実行し、成長を実感することは、そんな苦労や忙しさを超える充実感と喜びがありました。そして、ついに4度目に買い付けを入れた物件で、自らも大家さんデビューすることができました。本書でご紹介した購入判断シートなどのツールは、実際に私自身も活用したものです。

　本書が、読者の皆様の不動産経営に、お役に立ち、その成功に少しでも寄与できたならば幸いです。皆様の不動産経営の成功と、心から「豊かな人生」の実現を微力ながらお祈り申し上げます。

2021年6月吉日

株式会社アートアベニュー　片平智也

会社紹介

Art Avenue

　1996年、東京は新宿で「真に不動産オーナーの立場に立って、不動産運用のお手伝いをしたい」という思いで設立。不動産経営をロジカルかつ適正な手法で分析し、「価値の最大化」を図る改善提案を得意としている。売上高78億70百万円（2020年度）。2021年4月現在、管理戸数7,021戸、従業員数58名（グループ全体161名）。

事業内容

1. プロパティマネジメント（収益不動産の経営管理）
2. 賃貸住宅のサブリース（一括借上げ／マスターリース）
3. 賃貸住宅の管理
4. 新築・中古物件の建築プロデュース
5. シェアハウスの企画・運営・管理
6. 土地・有効活用の企画・運営・管理
7. リフォーム・リノベーション工事の企画・設計・施工・管理
8. 不動産の売買・賃貸の仲介
9. ファイナンシャル・プランニング
10. 相続設計のコンサルティング
11. ホテル業

建築プロデュース物件

運営する宮古島のvilla karimata

会社概要

社　　　　名	株式会社アートアベニュー
所　在　地	〒163-0818 東京都新宿区西新宿2-4-1新宿NSビル18F
Ｔ　Ｅ　Ｌ	03-5339-0551（代）
代表取締役	藤澤　雅義（CPM®・CCIM）
免　　　　許	宅地建物取引業　東京都知事(5)第74420号
加　　　　盟	IREM（全米不動産管理協会）　JAPAN
	公益財団法人　日本賃貸住宅管理協会
	全国賃貸管理ビジネス協会
	公益社団法人　全日本不動産協会
	21C.住環境研究会
関　連　会　社	株式会社アートアベニュー宮古島
	オーナーズエージェント株式会社
	オーナーズエージェント沖縄株式会社

■ **本書の特典**

　本書を購読してくださった方に150ｐ〜163ｐに掲載の
巻末資料で紹介したエクセルシートを差し上げます。

下記のURLまたはQRコードにアクセスし、
次のパスコードをご入力ください。
https://info.artavenue.co.jp/whitepaper/7-oyasan
パスコード「**7083**」

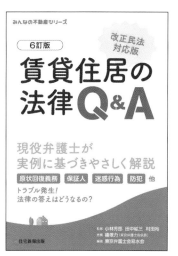

〈本書へのお問い合わせ〉

　本書の記述に関するご質問等は、**文書**にて下記あて先にお寄せください。
お寄せいただきましたご質問等への回答は、著者に確認のうえ回答いたしますので、若干お時間をいただくことをあらかじめご了承ください。**また、電話でのお問い合わせはお受けいたしかねます。**

　なお、当編集部におきましては記述内容をこえるご質問への回答や法律相談等は行っておりません。なにとぞご了承のほどお願いいたします。

郵送先：〒171-0014 東京都豊島区池袋2-10-7
　　　　　㈱住宅新報出版
ＦＡＸ：(03) 6674-6918

管理会社が教える！本当にすごい7人の大家さん

2021年7月15日　初版発行

監　修　株式会社アートアベニュー
著　者　片平智也
発行者　馬場栄一
発行所　㈱住宅新報出版
　　　　〒171-0014　東京都豊島区池袋2-10 -7
電　話　(03)6388-0052

DTP　㈱ローヤル企画
印刷・製本　シナノ印刷㈱

落丁本・乱丁本はお取り替えいたします。　　　　〈禁・無断転載〉
ISBN978-4-910499-06-2　C2030　　　　　　Printed in Japan